尚学课堂

建设的策略研究与探索实践

SHANGXUE KETANG JIANSHE DE
CELUE YANJIU YU TANSUO SHIJIAN

主编 岳新良

山东城市出版传媒集团·济南出版社

图书在版编目（CIP）数据

"尚学"课堂建设的策略研究与探索实践／岳新良主编 . —济南：济南出版社，2022.9

ISBN 978 - 7 - 5488 - 5223 - 0

Ⅰ.①尚… Ⅱ.①岳… Ⅲ.①中学教育—教育研究—文集 Ⅳ.①G632.0 - 53

中国版本图书馆 CIP 数据核字（2022）第 183630 号

出 版 人	田俊林
责任编辑	张所建　姜如孟
封面设计	侯文英　谭　正

出版发行	济南出版社
地　　址	山东省济南市二环南路 1 号（250002）
编辑热线	0531 - 86131725
发行热线	0531 - 86922073　67817923　86131704
印　　刷	山东省东营市新华印刷厂
版　　次	2022 年 9 月第 1 版
印　　次	2023 年 1 月第 1 次印刷
成品尺寸	170 毫米×240 毫米　16 开
印　　张	11
字　　数	176 千
定　　价	58.00 元

（济南版图书，如有印装错误，请与出版社联系调换。联系电话：0531 - 86131716）

编 委 会

主　编：岳新良
副主编：张振山　周尉亭　郭建云
编　委：崔建庆　薄荫华　张　健
　　　　盖志远　盖东岭　王怀军
　　　　韩　渤　邵德贵　胡友三
　　　　吕宝凤　谢洪莉　陈金枝

序　言

　　苏联著名教育实践家和教育理论家苏霍姆林斯基曾说过："课，就是教育思想的源泉；课，就是创造活动的源头，就是教育信念的萌发园地。"这句话真可谓一语道破了课堂教学的精髓。好的课堂需要思考、改革和创新。于是，乘着课改的春风，群英逐潮千帆竞，"尚学"课堂应运而生。

　　"尚学"课堂是基于苏联教育家巴班斯基的"教学过程最优化理论"，经过众多一线教育工作者多年实践总结出的一种教学策略。它强调的是优化教与学的过程，从学生、教师、家长三个维度审视教学，探索教学过程的最优化问题。"尚学"课堂有两大核心载体：一是学生团队的建设与评价。其基本思想就是转变学生的学习方式，优化学习过程，提倡学生主动参与、合作学习，并参与评价过程，以培养学生积极思考、不断探索、勇于创新、团结合作的精神。二是课时学习任务单的设计与使用。课时学习任务单从学生"学"的角度来设计问题，凸显学为主体的教学思想。它能把教师"教"的思路转化为学生"学"的思路，真正实现"学为中心"的目标。

　　此书凝聚了教学一线教师的教育智慧，无论是对教学策略的研究，还是对教学手段的探索，都有着较高的站位和深入的思考，而且历经近三年的实践检验，具有很高的参考价值。

一滴雨点，落入湖泊，会泛起层层涟漪；一种思想，融入教坛，会撞出星星火花。课改是一个只有起点没有终点的过程，我们期待着"尚学"课堂建设在课改春风的沐浴下绽放夺目光彩。

利津县政协副主席、利津县教育局局长　陈建设

2022 年 3 月 2 日

目 录

基于学生终身发展的"尚学"课堂改革思考与实践 / 1

加强学生团队建设　实施小组建设评价

　　——提高课堂教学效率的有力抓手 / 5

立德树人促发展　尚学教育奏华章 / 14

"尚学"课时任务单的设计与使用 / 21

在体育教学中培养学生健康的心理 / 29

学校考勤管理中的问题与对策 / 34

"尚学"领航行　学生扬风帆

　　——基于学生核心素养发展的"尚学"班级工作思考与实践 / 37

小组建设在"尚学"课堂教学中的实践应用 / 40

小组互助，学科教学的腾飞之翼 / 45

以活动为载体，营造学生健康成长的乐园 / 48

培育"尚学"家风，更需要家长的责任担当 / 51

"尚学"课堂教学模式下小组合作学习的实效性研究 / 55

小组学习中一个也不能少

　　——小组教学案例 / 59

"尚学"引领促发展　星旗鼓励助提升 / 63

生本理念下构建初中语文高效课堂探究 / 66

全员管理模式下的育人探究

  ——构造管理模式，创建"尚学"校园 / 69

初中数学课堂中的"小任务，大作用" / 73

小组合作学习在"尚学"课堂建设中的应用 / 76

巧用小组合作，打造英语"尚学"高效课堂 / 82

开展真实的学校课程变革

  ——以"尚学课堂改革教学"为例 / 86

学习任务单在"尚学"历史课堂中的应用 / 89

运用多元激励性评价助推学困生转化策略简谈 / 94

疫情背景下的乡村学校初中化学在线教学研究 / 98

"尚学"高效和谐课堂设计

  ——汀罗一中初中物理习题课教学模式 / 103

"尚学"课堂中学习小组组长培养策略 / 109

百舸争流千帆进　众人划桨开大船

  ——音乐课小组合作学习之我见 / 113

赏识教育在体育课中的运用 / 118

对留守儿童家园教育问题的思考 / 122

如何培养良好的读书习惯 / 125

"生成活动"在幼儿学习课程中怎样开展 / 128

微课程："互联网＋教育"背景下农村教师专业发展路径探究 / 132

浅谈小学英语课堂读写教学策略建构 / 136

"幼苗"的快乐源自老师踏实的工作 / 140

走校本教研之路　促课堂和谐发展 / 145

浅谈学校艺术课程中教学设计的作用 / 149

内外联动，构建多维阅读体系 / 155

抓住"交集点"，优化课堂教学 / 159

围绕"教会、勤练、常赛"　打造学校体育一体化发展新高地 / 163

基于学生终身发展的"尚学"课堂改革思考与实践

利津县汀罗镇第一中学 岳新良

利津县汀罗镇第一中学 王维燕

"教育兴则国家兴,教育强则国家强。"党的十九大以来,以习近平同志为核心的党中央高度重视教育问题。习近平总书记在全国教育大会上强调,坚持中国特色社会主义教育发展道路,培养德智体美劳全面发展的社会主义建设者和接班人。

我校认真贯彻落实党的教育方针,全面实施素质教育,认真执行教育法律法规,全面贯彻"持续发展 人生幸福"的办学宗旨;以"让师生共享教育幸福,为孩子幸福人生奠基"为办学理念,积极打造"尚学"文化,以文化理念为引领,为学生终身发展奠定基础。

一、"尚学"文化,源头活水

"尚学"衍生自《论语·颜渊》:"主忠信,徙义,崇德也。""崇德"即推崇道德,"尚学"即崇尚学问。崇德尚学内涵为立德于学、修德积学,重视教师、学生、家长共同发展。"尚学"文化,共包含三层含义。一是学生"尚学",成浓郁之学风。我校着眼于学生的终身发展,为学生的幸福人生奠基,激发个体自我发展的内驱力,调动个体自我发展的主观能动性,使学生积极主动地求得全面和谐发展。二是教师"尚学",成至善之教风。教师能在教学实践中享受工作的成就感，体会教学的乐趣，从而实现自身的专业化成长。三是家长"尚学"，成仁厚之家风。学校通过多种方式，引导家长树立正确的教育观，营造良好的家庭氛围，掌握科学的教育策略，使其自身不断成长，从而促进子女全面发展。

"尚学"文化是学校内涵发展的最重要的载体，是学校文化的精髓，同时也是学校凝聚力、竞争力和创造力的源泉。"尚学"梦想和"尚学"精神共同激励师生"崇德尚学"，从而形成"学生乐学、教师乐教、家长重教"的良好育人氛围，引领"学生尚学成长、教师尚学进取、学校尚学发展"。

在"尚学"文化理念的引领下，我校着力打造"尚学"课堂。"尚学"课堂不单是一种教学模式，更是一种教学思想或教学策略，旨在解决教学形式单一和缺乏文化传承的问题。"尚学"课堂的核心要素有两个。一是强化学生团队建设与评价。其基本思想就是转变学生的学习方式，优化学习过程，提倡学生主动参与、合作学习，使学生养成积极思考、勇于实践的习惯。二是狠抓教师课时学习任务单的设计与使用。课时学习任务单从学生"学"的角度来设计任务，改变了以往教师主导学生学习的局面，真正落实"学为主体"的教学策略。它能把教师"教"的思路转化为学生"学"的思路，真正实现"学为中心"的目标。

首先，"尚学"课堂优化学生的学习过程，使其掌握高效的学习方法，提高学习效率，引导学生将知识与技能、过程与方法、情感态度与价值观三维目标有机融合在一起。"尚学"课堂对学生的习惯养成、自信心培养、语言表达、团队意识建立等都提出了详细的实施要求和明确的目标。一是精细管理，养成习惯。学校将行为习惯培养工作序列化、制度化，努力达到"四年影响孩子一生"的德育工作目标。学期初，学校要求每名同学填写自我激励卡，作为自己一学期的目标，每周班会同学们都会填写自我评价表，对一周以来自己的表现进行反思。经过长期的坚持，同学们已经把遵守学校纪律的良好习惯演变成一种自觉的行为，这也正契合了学校对学生的培养目标——品行有教养，心中有梦想；身心健康，生活幸福。二是多元评价，鼓励先进。各年级均采用"鼓励条—奖励星—小红旗"的评价方式。在小组建设过程中，班主任组织小组成员起组名、设计组徽、制定小组宣言、制定小组目标、制作小组荣誉展示牌，以此来激发学生的积极性，培养学生的团队意识。在日常管理中，班主任将学生的课堂表现、日常行为习惯、作业完成情况全部纳入小组评价。每周评选优胜小组和励志小组，张贴在班级文化宣传栏内；每月评选月度优胜小组，月度优胜小组成员与班主任合影留念并发放照片。据此评选出优胜班级，升旗仪式上由班主任和班长共同领奖；评选出优胜年级组，由年级主任领奖并和学校班子成员合影留念。周总结和月表彰提高了学生们的小组整体意识，促进了个人、班级、年级的整体进步。同时，还建设学校、家庭"两面墙荣誉"来展示班级、小组、个人的荣誉，举办评选"鼓励条大王"活动等，强化评价的仪式感，激发学生参与学习和管理的积极性。三是活动育人，德育为先。我校班级活动丰富，各班级每天开展"晨诵、午写、晚阅读"读写活动，每周一、周五召开德育主题班队会，每月评选优胜班级、年级，月度最美教师、学生，并通过校报《尚学》刊登，发放到每一名师生和家长手中。除常规活动之外，我校还组织了一系列专项主题活动，全体师生人人参与，增强了师生凝聚力和归属感。

其次，"尚学"课堂优化教师的教学过程。我校以教师的科学引导和正确组织，规范学生的自主学习活动，使学生主动地解构与建构知识网络体系，以最少的时间和精力消耗，取得最优效果。一是底线管理，激发活力。学校成立了"尚学"教学课改共同体，对教师教学常规提出了"底线要求"，不搞"一刀切"，激发教师的主动性和创造性。二是明确要求，狠抓落实。开学初，教师统揽全局，依据课标及本学期教学内容，制定教学进度表；每周列好周备课清单，并做好下周教学任务规划；每天发放课时任务单，安排好学生学习任务。我校采用了教研组、年级组、教导处三级督查体制，避免了平时检查过程中反馈不及时、不到位的问题。三是优化评价，体现教学"贡献度"。我校将教师对学科、班级、年级组、学校评价的贡献度予以量化，使每一位教师明确自己的责任与担当，提升年级组团队的凝聚力与战斗力。此外，每周认真组织教研活动，教研组长分配备课任务，备课组长组织任课教师精心准备任务内的备课和课时任务单的编制。教研组定期集体教研，进行二次备课。每学期，学校都会组织教师优秀常规材料和学生优秀作业展评活动。此活动得到了市教科院和县教学研究中心领导的高度评价。

最后，"尚学"课堂优化家校共育过程。学校主持成立学校、年级和班级三级家委会，举行家长开放日活动，不定期召开家长座谈会，邀请优秀家长参与学校重大活动。这些活动让家长感受到学校浓厚的"尚学"之风，激励家长与学校建立起休戚与共的命运共同体，一同感受孩子成长带来的成就感和幸福感。

我们按照"全员发动、统一思路、各负其责、鼓励创新"的原则稳步推进"尚学"课堂改革。学校通过理论引导、课堂展示、检查评比、经验交流等活动推动"尚学"课堂建设，教育教学成效显著。多所学校来我校参观交流，并对"尚学"课堂建设表示高度认可。

二、"尚学"校本，凸显特色

陶行知曾说过："教育要通过生活才能发出力量而成为真正的教育。"学校结合实际开发了科技实践、艺体社团、学科拓展、专题教育四大类18门校本课程。在此基础上，我们借鉴名校经验，把我校校本课程整合为爱国情怀、传统文化、创新能力、感恩教育、规则与法、培养责任、身心健康、生命意识、习惯养成、艺术审美十大主题的"尚学"校本课程。各年级组以此为依托，将本年级所有校本课程内容，全部融入这十大主题中，根据本年级特点开展各具特色的校本活动。这种方式有效拓宽了校本课程的渠道并增强了学生的体验感，有力地推动了学校课程的开发与建设。

【参考文献】

[1] 朱永新．我的教育理想［M］．南京：南京师范大学出版社，2000．

[2] 陈小玲．细化班级管理　促进养成教育［J］．科普童话，2019（06）：163．

[3] 邱百惠．初中班主任管理中的常见问题及改进策略探析［J］．中国校外教育，2014（31）：20．

加强学生团队建设　实施小组建设评价
——提高课堂教学效率的有力抓手

利津县汀罗镇第一中学　张振山

在新课程改革的大背景下，课堂教学模式也在不断发生变化。改变学习方式是新一轮教育课程改革的核心，而小组建设评价、合作学习是课改倡导的重要学习方式之一。近几年来，我校一直提倡高效课堂。高效课堂就是依托小组建设与评价，让学生主动学习、积极思考的课堂，是学生充分自主学习的课堂，是师生互动、生生互动的课堂，是学生对所学内容主动实现意义建构的课堂。那么如何真正让学生的行为、认知、情感参与到小组合作中来，使合作学习具有实效呢？下文从五个方面进行讨论。

一、小组建设与评价的研究背景

科学技术迅猛发展，社会信息来源广泛，未来社会越来越注重个人能否有效表达自己的见解，能否吸收他人的意见等。因此，培养学生团结合作的能力显得尤为重要。但是，目前课堂教学的主要形式还是老师讲、学生听，学生互动处于次要地位。教师往往把全体学生当作"一个"来教，这样很难满足学生多方面的需求，也限制了学生在不同领域的才能表现，不能满足学生互动和发展的需要。再由于我国现阶段的家庭组成特点，家长对孩子过分疼爱，使得孩子在与他人交往的过程中存在障碍，有的懒于思考，有的过于自卑。学校开展小组建设，倡导合作学习，从关注学生的学习过程出发，着眼于学生与学生之间的互动性和合作性，重在培养学生的合作意识和能力。学习合作小组及小组建设与评价是一种新型的教育模式和学习方式，是高效课堂得以实现的有效方法，也是引导学生主动学习的重要途径。

新课程标准强调转变教师的传统角色和教学方式，从而改变学生的学习方式。小组合作学习方式促使教师成为学生学习的促进者、组织者和引导者，更加关注学生的学习过程和方法，从而确保学生的活动时间和空间；确立学生的主体地位，促使学生积极主动地学习；倡导学生主动参与、乐于探究、勤于动手，培养学生收集和处理信息的能力。

二、小组建设与评价的理论依据及意义

我国许多地方的学校都开展了小组合作学习。纵观课堂教学改革成功的名校，无论是洋思中学的"先学后教"、东庐中学的"教学合一"，还是杜郎口中学的"三三六模式"、昌乐二中的"271"课堂，无不都抓住了提高课堂教学效率这个支点。其中，小组的建设与评价是最好的抓手。我们实行的课堂教学改革通过集体备课以及预习学案的设计，实现教师对课程标准和教材的精准把握，优化教学过程；通过小组的建设和评价培养学生的自学能力，优化学习过程。在高效课堂上，学生人人都参与学习展示、自主学习、合作探究，使得其各方面能力都得到提高。小组合作学习这一教学模式的应用为课堂教学注入了活力。它不仅调动了师生间、生生间的交流互动，而且还培养了学生的合作意识、团队精神，让学生由被动学习变为主动学习。在实施过程中，高效课堂解决了传统课堂低效和无效的问题，使学生和教师都得到解放。

随着新课改的不断推进，转变学生的学习方式，将以往被动、单一的接受式学习转变为"自主、合作、探究"的主动式学习成为一种趋势。近几年，小组合作学习逐渐走进了我们学校班级的课堂教学和管理中来。它主要以小组为基本形式，由教师指导小组成员展开合作，引导学生自主地发现问题、提出问题，并通过小组合作共同解决问题。这样既充分调动了每个学生的主动性和创造性，也使整个小组的团体功能得以充分发挥。

但是在小组合作模式的实践过程中，我们也遇到了很多问题，如只有"小组"而没有"合作"，学生的参与度不均衡，学生没有团队意识等。这些问题使合作学习仅流于形式、缺乏有效性，其真正的优势得不到发挥。通过分析，我们找到了原因，主要在于缺乏一套行之有效的小组评价机制来促进小组竞争，因此必须配备一套全面、客观、细致且具有可操作性的评价体系。

（一）小组评价增强了学生的自我管理能力

当今的社会是竞争的社会，所以适当地让学生进行公平、公正的竞争，对于他们将来走向社会是十分有必要的。自从开展小组评价后，同学们都暗暗地较上了劲儿，每天的夕会上，大家总要看一看谁的分数高，谁能够用自己的分数换得更多的表扬。就这样，本来表现不错的学生表现得更好了，本来有些不良习惯的学生也逐渐变好了。班级中形成了互帮互助、你追我赶的向上氛围。总之，小组评价让学生开始改变自己的课堂行为习惯，增强了学生的自我管理能力。

（二）小组评价增强了学生的团队意识

每天通过各小组之间总分的对比后，得到优胜小组标志的小组成员总是兴奋不已，没有得到的小组便会分析自己的不足，大家主动帮助得分少的同学，团队意识就这样培养起来了。学生们有了小组团结合作的意识后，对班集体也就关心起来了，大团队的意识也慢慢增强了。具体表现为：一是小组评价促进小组成员之间的相互学习；二是小组评价增进学生间的友谊，促进交流分享；三是小组评价培养团队精神，锻炼心理素质；四是小组评价唤醒学生的主体意识，使学生感悟到集体的伟大力量；五是合理的小组评价促进班集体成长。

（三）小组评价提高教师教学和班级管理的效率

1. 小组评价有利于教师教学方式和班级管理模式的转变

通过小组评价，学生学习和参与活动的主动性和积极性增强了，参与欲提高了，由过去的"要我学""要我参加"转变为现在的"我要学""我愿意参加"。学生真正成为了主体。

2. 小组评价有利于教学的多边互助

小组评价增多了学生与学生、学生与老师之间的交流，使学生获得了比传统教学方法多得多的表现机会，使他们在动手、动脑、团结协作中参与知识的形成过程。

3. 小组评价有利于教师因材施教、分层次教学

通过小组评价，教师能了解每个学生的学习情况，这样弥补了教师由于班额大而不能照顾到每个学生的不足。教师会根据学生的情况，对学生进行分层次教学和布置练习。

总之，评价是整个教学和班级管理过程中不可或缺的一部分。小组评价既要发挥教师的主导作用，也要发挥学生的主体作用，同时也不能忽视小组评价的借鉴作用。班级小组的评价还有许多需要我们去探讨、去研究的地方，只有掌握科学的方法，尽量规避不利因素，才能使其发挥更大优势。因此，研究和掌握有关合作学习评价的理论和方法，有着重要意义和价值。

三、小组建设与评价的现状及趋势分析

新课改以来，在推进课堂教学改革中，构建小组合作学习方式成为高效课堂的标志性动作。但对于习惯了舞台式教学的教师而言，小组合作学习要从形式走向实质，是一种巨大的挑战。其关键是合作学习小组的建设与评价。

现行合作学习中的小组建设与评价，是一种受到国际教育改革普遍重视且极富成效的主流思潮，也是新课程所提倡的学习方式之一，已经成为广大一线教师课堂教学过程中的"必选动作"。但纵观现在课堂教学过程中的合作学习，虽然有学习小组，但实际的教学效果并不理想。主要表现为小组成员合作意识差、小组成员合作技能弱或小组成员无合作分工。合作学习的主

要特点是以小组为单位促进生生互动。因此，构建合作型学习小组是合作学习开展的基本前提。正是因为现行的合作学习小组在组建时的临时性、随意性，缺乏对人员数量、组员分工、技能培养等必要的"技术支持"，又没有健全的小组运行机制来做保障，所以导致了合作学习的低效，造成了合作学习的形式化。

总之，随着小组合作学习在课堂上的逐步应用，教师要十分注重在实践中发现其缺陷和不足，加强研究和反思，努力探索，不断提高小组合作学习的有效性。另外，教师要树立"不是为了合作而学习，而是为了学习而合作"的理念，让小组合作学习真正成为有益于教与学的教学策略。

评价是一盏灯，照亮学生前进的方向。新一轮课程改革倡导"立足过程，促进发展"的课程评价，这不仅仅是评价体系的变革，更是评价理念、评价方法与手段以及评价实施过程的转变。教师要采取正面激励性的评价，鼓励学生积极参与学习小组活动。基于以上认识，小组合作学习的评价标准是否有效尤为重要。评价标准既要符合课程改革提倡的评价理念，也要关注学生获得知识和技能的情况以及学生学的情况。

如果如期达到了评价的目的，建立了预期的评价方法，就可以改善小组合作学习的状况，促使学生学会"合作、互动、交流"，让每个学生动脑又动手，真正成为学习的主体。

四、小组建设与评价的研究目标

对"尚学"课堂条件下的学习小组建设的研究，使学生在合作学习中认真聆听、尊重他人意见，积极思考、敢于提出不同见解，明确分工、乐于合作交流，正确评价、正当竞争、有集体荣誉感；使学生在团结紧张、严肃活泼的氛围中主动探究和自主构建知识，发挥教师的引导作用，突出学生的主体地位，注重互助式、互动式、讨论式的学习方式，将传统的教师与学生之间的单向交流变为生生之间、师生之间的双向交流；使学生认识自己的优势与不足，养成健康向上的优秀品格。所以，我们要通过对"尚学"课堂理论以及合作学习小组建设的研究，有效实施学生合作学习、自主探究的学习方式，实现学生课堂的满堂学，同时将课内学习延伸到课外，使学生能够分工合作完成较为复杂的实践探究任务，从而达到大面积提高教育教学质量和学生综合素质的目的。

五、小组建设与评价的基本策略及运行模式

（一）评价流程及结果展示

1. 班主任评价

（1）自评：在每周班会上，班主任首先组织学生进行自评，完成自评表，每两周交年级组。

（2）量评：班主任组织各小组根据评分细则计算出结果，填写好教室内的小组量化记录表；评选出本周的优胜小组和励志小组，填写好班级优胜小组光荣榜和班级励志小组曝光台。

（3）点评：班主任针对上周各小组出现的问题进行总结，并安排好下周工作。

2. 任课教师评价

各任课教师根据各小组的课堂表现、作业完成情况等每两周评选一次本学科的优胜小组和落后小组，并填写好优胜小组光荣榜和暂时落后小组曝光台。

连续四次被评为班级优胜小组的，将由学校统一颁发荣誉证书和奖品；连续四次被评为班级落后小组的，将由年级通报批评。各学科的优胜小组和落后小组由各任课教师表彰和督促。

（二）运行模式

1. 小组的组成

小组由 4 人组成，按成绩并结合性别、性格、学科优势等因素分为 1 号组长、2 号组长、3 号组员、4 号组员。座次安排如下：

3号组员	1号组长	1号组长	3号组员
4号组员	2号组长	2号组长	4号组员

小组互助要一对一完成，强调落实，1号负责3号，2号负责4号。若还有问题，则4人一起交流。小组中解决不了的问题可进行组间互助，直至弄明白为止。

2. 评价原则

激励性原则——评价以鼓励为主，重在调动个体积极性，凝聚小组合力，达到共同提高的目的。

捆绑原则——淡化个体，强化小组，考核的最终目标指向小组而不是个人。

整体推进原则——评价要关注学生全体，尤其是小组内3、4号组员，力争通过评价帮助他们建立自信，体验成功。

3. 评价内容

学习评价：改变原来只评价学习成绩的单一方式。新评价方式是包括作业情况评价、课堂表现评价、考试等级评价的综合评价。特别是把学生的小组课堂交流情况，合作学习的主动性、实效性，在课堂提问、答辩、质疑讨论、展示等环节参与的积极性纳入到课堂表现评价中，这可让中下游的学生看到希望，让他们也有机会体验成功的快乐。

行为习惯评价：包括学校秩序规定遵守情况、学生到校后的自觉学习情况、课前准备情况、课堂纪律、课间纪律、课间操纪律、集会纪律、考试纪律等。尤其要特别强调的是自习课没有教师在场的课堂，学生不允许随意下位，不允许大声讨论交流，严禁喧哗打闹，各班要做到"入室即静、入座即学"。

4. 评价办法

一是学习评价：实行"鼓励条—奖励星—小红旗"办法。

"鼓励条"是加盖学科教师印章的个性化小彩条，适用于学生课堂表现、作业完成情况、纪律情况的及时评价与反馈。教师在课堂上或作业讲评时用鼓励条奖励学生，由学生自己妥善保存。鼓励条的发放数量视学生在小组中的位置而定，重点侧重3、4号学生。

"奖励星"是学生在一段时间内表现的总体反映，不是由教师直接奖出，而是由鼓励条兑换，并直接粘贴于墙壁评价栏中。具体兑换比例为10张鼓励条=1颗奖励星。

"小红旗"是小组团体在一段时间内表现的总体反映，由奖励星兑换，张贴于小组评价栏中。具体兑换比例为3颗奖励星=1面小红旗。

（1）学生个体评价（组内评价）

学科教师根据学生的表现适时奖励鼓励条，主要包括以下几个方面：

①学生回答课堂问题比较精彩或3、4号学生敢于表达见解时，当堂奖励。

②对于作业质量较好或进步明显的同学，教师在作业讲评时当堂奖励。（奖励面原则上不能超过本班学生数量的三分之一，要求学生在各科作业本上都要标明自己是几号学生。）

③各科教师鼓励条通用，并且等值。

④对学生的奖励标准要视其具体情况而定，1、2号的标准要高，3、4号的标准要适当放低。

（2）小组间评价

①每周班会时间，班主任主持举行授星、授旗仪式。根据学生个人手中的鼓励条数量兑换授星，根据小组奖励星数量兑换授旗。

②学生授星后手中剩余的鼓励条，下周继续使用；小组授旗后剩余的奖励星，下周也可以继续使用。

二是行为习惯评价：实行学生自评、组内互评、小组长点评的制度进行评价。每周班会课举行完授星授旗仪式后，在小组长主持下，每个学生根据自评表进行学习和行为习惯自评，然后组员互评，小组长进行点评。此方法重在引导学生学会反思，加强自我约束，凝聚小组合力。特别是帮助那些习惯不好、学习暂时落后的学生通过自我反省、小组监督，逐步改正不良习惯，提高成绩。

5. 评价流程

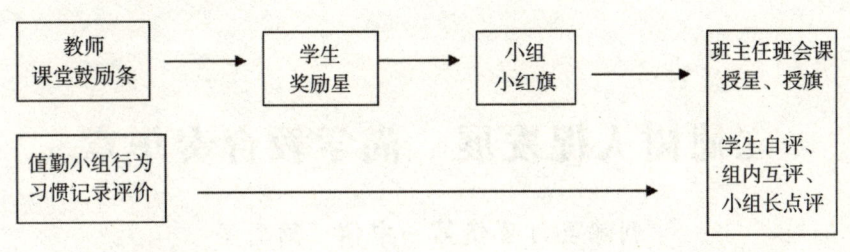

```
教师            学生         小组         班主任班会课
课堂鼓励条  →   奖励星   →   小红旗   →   授星、授旗

                                          学生自评、
值勤小组行为                               组内互评、
习惯记录评价  ──────────────────→         小组长点评
```

（三）表彰奖励

评价结果的使用：

1. 周优胜小组、周优胜小组长、周优秀组员的评选依据。

2. 月度优胜小组、月度优胜小组长、月度优秀组员的评选依据，颁发奖状及荣誉证书（奖牌）。

3. 学期末，小组评价后两名的小组成员，不能参加班级任何称号的评选；三好学生、优秀班干部等校级及以上的称号，只能从评价成绩在前 4 名的小组中产生。

立德树人促发展　尚学教育奏华章

利津县汀罗镇第一中学　周尉亭

我校倾心打造"尚学"教育品牌。"尚学"衍生自《论语·颜渊》："主忠信，徙义，崇德也。""崇德"即推崇道德，"尚学"即崇尚学问。崇德尚学内涵为立德于学、修德积学。

"尚学"之"尚"有尊崇、注重之意，"学"可解释为学问、学习。"尚学"即"爱学习"的意思，表现为学校尊崇学问，注重学习，重视教师、学生、家长共同发展。学生"尚学"，成浓郁之学风；教师"尚学"，成至善之教风；家长"尚学"，成仁厚之家风。

在"尚学"教育品牌的引领下，学校创新德育管理机制，不断提高德育管理水平。为此，我校把德育工作当成首要任务来抓，认真学习关于德育的政策文件来提高认识，树立教书育人、管理育人、服务育人的思想，并积极探索培养学生良好行为的方法。

为了确保德育工作的顺利开展，我校健全德育管理体系。从校长到基层班级，大家做到了上下左右联系密切、指挥灵活、步调一致、信息畅通，充分发挥了德育管理的效能。

我校选用优秀教育工作者担任

班主任。他们热情、开朗、朝气蓬勃，始终把学生的信任当作荣耀，把教育事业当作人生的光辉阵地，以爱心和恒心培育了一批批优秀的学生。在德育工作中以养成教育为核心，学校通过扎实可行、形式多样的教育活动开展德育教育，落实了"人人都是德育工作者"的理念，营造了健康、和谐、向上的工作氛围。

一、加强校园文化建设，营造良好育人环境

校园文化，是学校德育建设的主阵地。我校在教学楼走廊、门厅、教室内墙壁等醒目位置悬挂古诗词、伟人画像、名人名言。"书画长廊"用来布置师生作品，记录学生书法与绘画的成就，为校园增添书香气息。每个班级都有"书香柜"，通过图书角和板报布置，创建书香班级。班级黑板和软板是展示学生作品的阵地。学校在显眼处设置富有人文气息的宣传标语，让学生在静态的校园文化中阅读经典、阅读思想、阅读精神。学生能移步换景，沉浸在浓郁的书香氛围中。

校园内的围墙、走廊、教室、德育室等设施和场所，都成为学习园地和民族文化展示的平台。我们还实施了温馨校园工程，在墙壁的醒目位置标示上下楼的安全指示信息，突出育人特色。我校校园文化已成为一种"知识宝库"，为学校的教学工作、德育工作、安全工作等提供重要的知识和信息。我校校园文化已成为一种"精神粮仓"，陶冶师生的情操，挖掘师生的创造潜力，打造处处如家的温馨气氛。我校校园文化更成为一种"行动指南"，让学生懂得爱护公共设施、尊重别人的劳动成果、遵守各种规章制度。我校校园文化营造出生动活泼、洁净素雅、健康文明的环境氛围，寄托着老师的殷切期望，同时也蕴含着深刻的教育意义。它必将照亮孩子们的人生。

二、重视载体建设，多渠道、全方位地开展德育工作

1. 抓好日常管理，注重常规教育

学校坚持做好每周一的升旗仪式，校领导国旗下的讲话内容都具有教育

性、针对性。学校每周开展国学诵读活动，陶冶学生情操；让学生齐背《少年中国说》，体会当代少年的责任，增强使命感和责任感。班级每周一下午认真召开德育主题例会，对学生的行为习惯、学习纪律进行全面总结，指出不足，指明方向。全员管理，促进了学生良好习惯的养成。

2. 星旗评价显活力，德育教育谱新篇

在日常学习中，德育方面表现积极的学生将获得1张鼓励条，积累10张鼓励条换取1颗奖励星，5颗奖励星换取1面小红旗。根据小红旗获得数量评选每学期的文明学生。我校每周五下午召开德育主题班会，对学生进行评先树优。这一举措激发了学生的文明之举，使他们的精神面貌焕然一新。

3. 实行路队制管理，加强日常行为教育

要学做人，先会走路。我校从学生走路规范这一细节抓起，规范学生行为习惯，使课间秩序大有改观。"抬头挺胸走路，按部就班学习"，已成为每一名学生的自律习惯。

4. 文化引领抓节俭，抓出实效不浪费

针对学生就餐浪费的现象，我校在餐厅楼的醒目位置刻上"饮水思源，崇尚节俭"的标语，以文化的形式让学生明白节约光荣，浪费可耻。现在同学们已经养成了节约粮食的良好习惯。

5. 流动红旗管理制度，评比出好的班风、校风

为进一步加强班级管理，形成良好的班风、校风，我校实行流动红旗管理制度。我校针对流动红旗实行周评比和月评比，一日一公布，一周一评

比，一月一汇总。周流动红旗评出每周的优胜班级，月流动红旗评出每月的优胜级部。学校对优胜班级和优胜级部进行表扬激励，这大大激发了全校师生的积极性和进取心。流动红旗管理制度实施后，各年级的纪律、卫生等工作有了很大改观。

6. 注重自我教育，真正激发学生潜力

学期初，我们要求用好汀罗一中学生发展自我激励卡，让学生根据自身学习发展状况，制定适合自己的励志名言、人生目标、学期目标、赶超目标，并认真填写自我激励语。学生每周填写汀罗一中学生发展自我评价表，根据自己一周的表现逐项核对评价，清醒地认识自己一周的得与失，并制定下周发展目标。

7. 寓德育于学科教学之中，抓好课堂教学，注重学科德育渗透

学校要求教师根据学科的教材特点，结合教学内容，挖掘思想教育因素，寻找对学生进行思想品德教育的最佳结合点。教师遵循由浅入深、循序渐进的原则，引导学生逐步树立正确的世界观、人生观、价值观。

8. 用心设计毕业课程，助力学生放飞梦想

中考结束后，为让学生感恩母校、憧憬未来，我校用心设计毕业课程，校长为学生送祝福，让孩子们懂得感恩，立志回报社会。

三、抓好假期教育，大力提升育人水平

假期教育是青少年德育工作的重要组成部分，是学校教育工作的延伸。为了巩固学生在校期间的养成教育成果，拓展学校德育工作的深度和广度，努力打造学校、家庭、社会三位一体的德育工作网络，我校在每年寒暑假期间都开展以德育为主题的实践活动。学校力争通过此类实践活动，帮助学生在假期间做到放松不放纵、休息不休学。通过实践、体验和反思，学生进一步养成和巩固良好的行为习惯，树立正确的人生观和价值观，度过一个充实、愉快、健康的假期。

我校坚持以爱国主义教育为核心，以弘扬中华民族传统美德、加强民族精神教育为主题，以《中华人民共和国未成年人保护法》为基础，把开展传统文化教育、爱国主义教育、感恩教育、社会实践教育作为假期德育主题实践活动的重心，倡导德育工作的改革创新，积极构建有学校特色的新型德育体系，全面推进德育工作的创新发展。

我校的活动目的是贴近实际、贴近生活、贴近学生。贴近实际就是要立足于学校的德育工作现状，因地制宜、量力而行，在保证工作实效的前提下尽量减轻工作负担。贴近生活就是在活动内容和活动方式的选择上要充分考虑农村的社会环境和学生的家庭状况，最大限度地保证活动的实效。贴近学生即在活动组织过程中要充分发动全体学生积极参与，在活动形式的选择上要充分考虑学生的年龄特点、能力水平和发展需要，达到学生乐行、肯行、能行的目的。

整个活动要达到既促进品质提升、能力发展又促进行为养成的目的。促进品质提升即让学生在实践中反思、在实践中感悟、在实践中提高。促进能力发展即通过符合学生能力发展特点的活动方式，让学生在实践活动中锻炼本领、提升能力。促进行为养成即活动的设计与组织要注重针对性与引导性，使学生在坚持参与活动的过程中潜移默化地养成良好的行为习惯。

每年寒暑假期间活动安排如下：

活动一：传统文化教育（假期前三分之一时间）。在假期间，学生学习有关家乡汀罗镇的历史知识，搜集有地域特色的民俗知识，实践调查近几年汀罗镇的可喜变化，增进对家乡的了解。

活动二：爱国主义教育（假期中三分之一时间）。爱国主义是中华民族的民族心、民族魂，是中华民族最重要的精神财富，是中国人民和中华民族维护民族独立和民族尊严的强大精神动力。为了激发学生对祖国与民族的热爱之情，我校要求学生学习我国尤其是我们利津县的革命先烈可歌可泣的英雄故事，知国、爱国、报国，努力学习，时刻准备为祖国建设贡献力量。

活动三：感恩教育（假期后三分之一时间）。在寒暑假活动期间，我们开展向父母说一句贴心话或为父母做一顿饭、洗一次脚等活动，引导学生用自己的实际行动来表达对父母的感激之情，用自己的微薄力量回馈父母的养育之恩。

活动形式灵活多样：

形式一：留存适当的实践调查的图片，完成一份反映家乡民族风俗、生活变化的调查报告（八年级）或手抄报（六、七年级）。

形式二：列举所了解的革命先烈的名字和事迹，完成一份爱国主义内容的手抄报。

形式三：保留做感恩教育的相关图片，完成一份手抄报。

活动评价：

1. 开学后所有材料以年级为单位交政教处，材料要干净整齐。

2. 学校统一抽调人员进行评比，将结果纳入班级量化考核。

我校充分利用寒暑假期间德育教育这一良好平台，以活动内容为抓手，大力提升学生的德育发展水平，活动内容及形式可根据实际情况适当调整。

由于我校把德育工作放在首要位置，学校发展态势良好，教育、教学、管理工作屡创佳绩，先后获得省级电化教学示范学校、省级重点实验基地、东营市规范化学校、十佳学校、教学示范学校、文明校园、实验室及实验教学管理示范学校、实验室工作先进学校、素质教育实施水平综合督导评估优秀学校、科普示范学校、中小学教师校本培训示范学校、优秀交通安全示范学校、利津县教学工作先进单位、教育工作先进单位、教学工作示范学校、师德建设先进集体、教科研工作先进单位等省、市、县多级多项荣誉称号。

经过大家的共同努力，学校德育工作得到了全体师生的认同和领导的赞许。我校也实现了育人目标——品行有教养，心中有梦想；身心健康、生活幸福，通过四年的初中教育影响学生的一生，为学生的人生幸福奠基。但我们并没有因此而停住脚步，我校继续以"让师生共享教育幸福，为孩子幸福人生奠基"办学理念为引领，不断探索创新，推动德育工作跃上新台阶。我们将继续努力打造"尚学"教育品牌，为实现"尚学汀一、和谐家园"的美好愿景而努力奋斗。

【参考文献】

周凤林.学校德育顶层设计18问［M］.上海：华东师范大学出版社，2015.

"尚学"课时任务单的设计与使用

利津县汀罗镇第一中学 郭建云

利津县汀罗镇第一中学 牛 静

一、"尚学"课时任务单提出的理论依据

（一）巴班斯基的教学过程最优化理论

巴班斯基认为，教学过程是一个完整的活动过程。教学过程最优化要求教师的教学过程最优化和学生的学习过程最优化统一起来。教学过程包括教学任务、教学内容、教学方法、教学形式、教学效果五个基本成分，要使教学过程最优化必须选择每个过程的最优化方案，发挥整个教学系统的最大可能性。

（二）建构主义理论

建构主义教育理论是一种认知理论。其核心可以概括为一句话：以学生为中心，强调学生对知识的主动探索、主动发现和对所学知识意义的主动建构。它提倡在教师指导下的、以学习者为中心的学习，认为教师的教学是"为了每位学生的发展"。

基于上述理论，"尚学"课堂提出了更加切合实际的教学思想：从学生的角度审视课堂，切实突出学生学习的主体地位，激发学生主动参与学习的意识，引导学生爱上学习、主动学习；从教师的角色审视教学，引领教师爱上教学，教师扮演好编剧、导演等角色，彻底摒弃"保姆"角色，真正做到

把课堂还给学生。而课时任务单与学生团队建设是"尚学"课堂最重要的载体。

二、课时任务单的内涵

课时任务单是由教师根据学习目标与学生认知需求设计的，以学习任务为核心，旨在引导学生积极参与学习过程，是教师导学的有效载体。课时任务单的主要内容包括学习目标、学习任务（预习清单、探究清单、检测清单）两部分。

三、课时任务单的设计原则

（一）预设性原则

教师在课前对课标、教材、考点、学情进行充分分析，之后再进行课时任务单设计。

（二）课时化原则

通常一课时要设计一个任务单，按课时内容确定任务单编写内容。这样，有利于掌控课时学习的知识量，加强授课的计划性、针对性、时效性，构建高效课堂。

（三）学情性原则

课时任务单以学生"学"的视角来设计问题，能很好地把教师"教"的思路转化为学生"学"的思路，真正体现"学为中心"的教学思想。课时任务单的设计必须基于学生的学习起点和学习需求，根据不同学生的学习能力设计出一些有梯度的学习任务，使不同的学生都有收获。

（四）任务性原则

一般情况下，学生自主学习过程和目标达成，多以任务的方式呈现。学生通过对一个个问题的思考、研讨、解决、提炼、归纳，完成学习任务，达成学习目标。问题设计一定要具体，目标明确，指向性强。为有效达成学习目标，问题应有组合效应，但又不宜太多、太杂。问题设计应由浅入深、由易到难，充分考虑学生个性和认知规律。学科信息要准确，针对性要强，既要有利于学生扎扎实实打好基础，又要有利于学生拓展知识，实现对知识规律和知识体系的构建。课时任务单的设计要强化与社会生活和学生经验的联系，要有利于学法培养，帮助学生掌握方法，学会学习，提升能力。

（五）板块块化原则

课时任务单主要有学习目标和学习任务两个板块，完成课时任务单的过程即完成教学的过程。任务是课堂教学的线索，通过任务把整堂课内容贯穿起来。每个课时任务单的任务数量一般不要超过4个，有的甚至可以是1个（或1个问题链），只要能促成教学目标完成即可。

四、课时任务单的设计要求

（一）兼顾各学科特点

各学科特点不一样，新授课、复习课、讲评课等不同课型，课时任务单也不尽相同。备课组可以遵照课时任务单的基本模式，集体设计符合本学科特点的课时任务单。

（二）学习目标设计

学习目标，指学生通过本节课学习能够达到的目标，学习目标的设计要符合课标要求、教材要求，符合学情，切合实际。其数量不宜过多，2~3个即可。

（三）预习清单设计

预习清单，属于课前环节，可以设计学生课前要解决的任务，也可以收集学生的困难疑惑等。无论设计什么内容，方式、方法要求要明确，学生通过对文本的学习可以自我达成预习的目标。如探究平行四边形的底和高时，设计这样一个预习清单：1. 量一量：你能量出平行四边形上下两条边之间的距离吗？2. 画一画：你是沿着哪条线段量的？用虚线画出来。3. 想一想：这条虚线与上下边是什么关系？你知道它的名称吗？根据这张预习清单，学生在探究平行四边形的底和高时，就会根据提示，先量一量，初步感知。预习清单的任务就是引导学生用虚线画出平行四边形的高，这也暗示学生，图形的高是用虚线表示。学生会很想知道虚线的名称是什么，于是便会主动阅读文本来了解它的名称。在预习清单的引领下，学生变被动为主动，学习目标更明确。

（四）探究清单设计

探究清单的任务数量根据授课内容具体确定，至多设计4个，也可以设计1个，只要能体现这节课的主要学习任务即可。

探究清单的内容，可以是学生的疑惑，也可以是教师对这节课内容的前置预判，还可以是教材要求的重难点等。

探究清单，属于课中环节。其任务是课堂教学的线索，是课堂教学的重点，但不是课堂教学的全部，只是课堂教学的一部分。

每个探究任务大致设计为4个环节：自学—探究—展示—点评，也可以根据具体任务进行调整，不是所有探究任务都需要这4个环节。如果问题相对简单，探究环节就可以简单处理或省略。教师要把研讨过程与小组教学结合起来，组织小组讨论，充分激发学生思维的活跃性。

（五）检测清单设计

检测清单，属于课后环节；针对当堂课学习内容，当堂解决，及时反馈。检测清单的内容要适量，不宜贪多，难易适中，目的是检测学生当堂学习的效果。检测时间设置不宜过长，5分钟左右即可。

五、探究清单的使用策略

探究清单大致分4个环节：自学—探究—展示—点评。

环节一：自学即自主学习。学生自主完成学习任务，要求学生做到：静思独想。这一步要求学生限时完成任务，以任务驱动方式强迫训练，训练学生思维的灵活性和敏捷性，有效提高学生独立解决问题的能力。由于此过程在限时中完成，这样长久训练能够有效提高学生的应试能力。

环节二：探究即小组合作探究。学生通过自主学习后，积累了一定的知识，为小组合作交流打下了基础。学生在合作中相互启发，思维碰撞，不断解决自主学习中产生的问题，甚至还会打破教材的局限，探索更深的问题。对学习有困难的学生，这一环节意义重大，他们可以得到同伴的帮助，解决学习中的困惑，增强学习的信心。

环节三：展示。学生展示的形式有多种：可以口头交流，可以利用实物投影仪展示，可以在黑板上板演，可以在黑板前演示等。当有同学在展示时，其他同学要认真倾听并积极思考，若有不同意见要进行补充，表达自己的理解和想法。展示发言既展示出了问题的答案与学生的理解，又提高了学生的思维能力。不同小组之间的思维碰撞，使学生思考的内容更加丰富，使他们的认知能力获得不同程度的提升。同时，学生通过班级展示，锻炼了语言表达能力，提升了学习兴趣，更充分享受到学习的成就感。

环节四：点评。在学生展示环节，当学生点评不到位的时候，教师要引导、点拨、补全，必要时进行讲解，甚至要讲深讲透，要确保最后知识结论的正确性、完整性和深刻性，让学生真正理解掌握。在完成任务的4个环节过程中，教师要尽量控制自己的话语权，努力做到"三不讲"：学生已经会的不讲，学生自己能够学会的不讲，讲了学生也不会的不讲。教师的角色始终是一个倾听者、牵引者、促进者、引导者，是站在学生背后的人。总之，课时任务单能够在教与学之间架起一座桥梁，为学生独立思考提供更广阔的空间，引领学生自主学习，实现"尚学"课堂的高效特质。

【参考文献】

[1] 教育部基础教育司. 走进新课程：与课程实施者对话 [M]. 北京：北京师范大学出版社，2002.

[2] 林格，程鸿勋，唐曾磊. 自主学习：厌学是中国教育史上的癌症 [M]. 北京：新世界出版社，2010.

[3] 施良方，崔允漷，主编. 教学理论：课堂教学的原理、策略与研究 [M]. 上海：华东师范大学出版社，1999.

附课时任务单案例：

课时任务单

年级：九　学科：语文　周次：　　日期：　　　主备人：　　　审核人：

课题名称：范进中举

一、学习目标

1. 读课文及课下注释，识记本课重点字词、文体文学等基础知识。

2. 读课文，归纳主要内容、情感、写法、语言等重难点。

3. 语段阅读，提高学生综合做题能力。

二、学习任务

（一）预习清单

1. 学生课前自读课文，回顾和识记作者作品、字词、小说等相关知识。

（1）重点字词归纳

（2）作者作品情况介绍

（3）小说知识（三要素、刻画人物的方法等）梳理

2. 自读课文，归纳本文主要事件。

（1）小说出现了哪些人物？写了哪几件事？请用简洁的语言概述。

（2）学生用自己的话概述课文内容，要说清故事的时间、地点、起因、经过和结果。

（二）探究清单

任务1：深入分析人物形象，把握人物性格。

围绕范进中举，形形色色的人物陆续登场：范进、胡屠户、众乡邻、张乡绅……这里作者采用对比的手法塑造人物形象。下面一起探究范进中举前后众人对范进的心态变化及他们各自的性格特点。

解决问题思路：学生以小组为单位，采取圈点勾画的方法，在文中找出答案；探究后，交流展示，教师点拨。

任务2：跳读课文，把文章中你认为好笑的地方标出来，想一想好笑的背后隐藏着什么。

解决问题思路：学生以小组为单位，跳读课文，采取圈点勾画的方法；探究后，交流发言，教师点拨。

（三）检测清单

（甲）范进不看便罢，看了一遍，又念一遍，自己把两手拍了一下，笑了一声道："噫！好了！我中了！"说着，往后一交（同"跤"）跌倒，牙关咬紧，不省人事。老太太慌了，慌将几口开水灌了过来，他爬将起来，又拍着手大笑道："噫！好！我中了！"笑着，不由分说，就往门外飞跑，把报录人和邻居都吓了一跳。走出大门不多路，一脚踹在塘里，挣起来，头发都跌散了，两手黄泥，淋淋漓漓一身的水，众人拉他不住，拍着笑着，一直走到集上去了。众人大眼望小眼，一齐道："原来新贵人欢喜疯了。"老太太哭道："怎生这样苦命的事！中了一个甚么举人，就得了这个拙病！这一疯了，几时才得好？"娘子胡氏道："早上好好出去，怎的就得了这样的病！却是如何是好？"众邻居劝道："老太太不要心慌。我们而今且派两个人跟定了范老爷。这里众人家里拿些鸡蛋酒米，且管待了报子上的老爹们，再为商酌。"

（乙）范进迎了出去，只见那张乡绅下了轿进来，头戴纱帽，身穿葵花色员（同"圆"）领，金带、皂靴。他是举人出身，做过一任知县的，别号静斋，同范进让了进来，到堂屋内平磕了头，分宾主坐下。张乡绅先攀谈道："世先生同在桑梓，一向有失亲近。"范进道："晚生久仰老先生，只是无缘，不曾拜会。"张乡绅道："适才看见题名录，贵房师高要县汤公，就是先祖的门生，我和你是亲切的世弟兄。"范进道："晚生侥幸，实是有愧。却幸得出老先生门下，可为欣喜。"张乡绅四面将眼睛望了一望，说道："世先生果是清贫。"随在跟的家人手里拿过一封银子来，说道："弟却也无以为敬，谨具贺仪五十两，世先生权且收着。这华居，其实住不得，将来当事拜往，俱不甚便。弟有空房一所，就在东门大街上，三进三间，虽不轩敞，也还干净，就送与世先生；搬到那里去住，早晚也好请教些。"范进再三推辞，张乡绅急了,道:"你我年谊世好,就如至亲骨肉一般,若要如此,就是见外了。"范进方才把银子收下,作揖谢了。又说了一会,打躬作别。胡屠户直等他上了轿,才敢走出堂屋来。

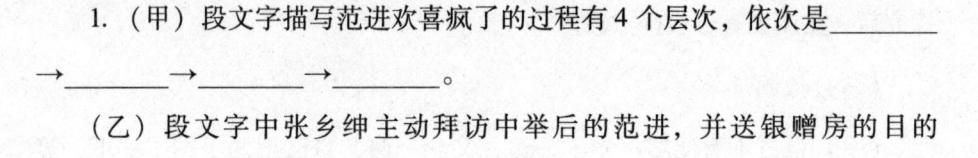

1. (甲)段文字描写范进欢喜疯了的过程有4个层次,依次是_____→_____→_____→_____。

(乙)段文字中张乡绅主动拜访中举后的范进,并送银赠房的目的是_____。

2. (甲)段文字中众邻居劝说的话,称范进为范老爷,又主动提出要拿鸡蛋酒米。联系全文说说这反映了什么社会问题?

3. "好了!我中了!"这句话道出了热衷功名的范进此时什么样的心态呢?请简要说明。

4. (甲)段文字中写老太太"慌"和"哭",报录人和邻居"吓了一跳",这些描写的目的是什么?有何作用?

5. 请结合原文,简要分析范进为什么喜极而疯。这种现象说明了什么?

在体育教学中培养学生健康的心理

利津县汀罗镇第一中学　薄荫华

一、中学生心理健康的标准

根据世界卫生组织定义，健康包括身体、心理、社会适应各方面都完美的状态，而不仅仅是没有疾病和虚弱。由此可见，健康包含三个要素：身体健康、心理健康和具有良好的社会适应性。其中心理健康对人生成就的重要性已被人们所认识。《中共中央关于进一步加强和改进学校德育工作的若干意见》中明确提出要对学生进行心理健康教育。心理健康的理想状态是保持性格完好、智力正常、认知正确、情感适当、意志合理、态度积极、行为恰当、适应良好的状态。而体育是促进健康的重要内容，体育活动对于促进人的心理健康具有积极的影响。

二、当前中学生心理健康的现状及原因

据有关文献报道，大约32%的中小学生存在不同程度的心理健康问题。进一步调查发现，他们在心理品质方面存在明显的弱点，如抗挫折能力弱、意志力不强等。

随着对知识人才的需求量越来越大，社会与家庭把重心更多地放到了学生的学习成绩上，而忽略了对学生思想品德的培养和心理素质的锻炼。大多数学校也偏重于学生智力因素的培养，而忽略了非智力因素的培养，加上学校心理健康教育不够普及，造成部分学生心理素质比较差，调整心态的能力较弱，容易患心理疾病。同时，由于现在很多孩子是独生子女，家长的过分溺爱使孩子的许多意志品质得不到锻炼，如顽强拼搏、吃苦耐劳、克服困难等优良品质。

三、科学的体育活动是促进学生心理健康发展的有效途径

科学的体育活动能增强体质，促进学生身体素质的发展，为学生心理健康的发展提供坚实的物质基础。

体育运动的新需要与原心理水平的矛盾，是推动心理健康发展的一种动力。体育运动与日常自然的身体活动相比，内容和形式都不尽相同，所以原有的心理水平不能满足学习运动项目的需要。比如，在足球比赛中，带球进攻由于要了解队员位置，注意的范围就比较广，既要高速带球又要防止被对方拦截，需要球员善于分配注意力。几乎所有的运动项目都需要有勇敢、坚持、自制、不怕困难等良好的意志品质和乐观、友爱、同情等积极的情感。而就一般的心理水平来说，根本满足不了上述运动学习和运动竞赛的需要。但学生不断提高自己的运动水平或战胜对手可以使原来的心理水平慢慢得到提高，即体育运动的新需要与原心理水平的矛盾，推动了心理的发展。

体育运动推动学生自我意识的发展。体育运动多是集体性、竞争性的活动，自己能力的高低、修养的好坏、魅力的大小，都会明显地表现出来。体育运动还有助于自我教育。在正确认识自我的基础上，人们便会自觉或不自觉地修正自己的认识和行为。

体育运动培养学生的人际交往能力。在生活中，我们会发现人际关系好的人通常心情愉快、精神饱满，对任何事都充满兴趣；人际关系不好的人通常无精打采、抑郁寡欢、缺乏对生活的兴趣。体育运动可以通过手势、表情、肢体的动作等进行交流而不一定以语言为媒介。学生随着运动直接或间接地沟通和交流，在不自觉中就会产生亲近感，并会获得较高的安全感和自信心。学生在体育运动中必须服从裁判、尊重观众、团结同伴，努力控制和

约束自己的行为，逐渐形成社会公约和团体规范意识，提升义务感和责任感。

体育运动调节学生的情绪状态。体育运动能使人心情愉悦，并能降低紧张与不安的情绪，促进心理健康。体育运动中的情感体验强烈而又深刻，成功与失败、进取与挫折共存，欢乐与痛苦、憧憬与失望相互交织，同时人的感情表现也相互感染、融合。这种丰富的情感体验，有利于学生情感自我调节的发展。

体育运动能培养坚强的意志品质，增强自尊和自信。体育运动一般都具有艰苦、疲劳、紧张以及竞争激烈等特点。学生在参加锻炼时，总是伴有强烈的情绪体验和明显的意志努力。所以，体育运动可以培养学生顽强拼搏、吃苦耐劳、坚持不懈、克服困难的思想作风，有助于培养学生团结协作的集体主义精神，也有利于培养学生机智灵活、沉着果断、谦虚谨慎等意志品质。

体育运动能预防心理障碍和保持心理健康。学生在体育锻炼中得到乐趣。项目的选择以学生感兴趣的球类、健美操、游泳等有氧运动为主，运动量以中等强度为宜，心率控制在 110~150 次/分，并能做到持之以恒。大量研究资料表明，体育运动有利于心理疾病的调节与治疗。属于体育治疗手段的游戏法是学校心理咨询与治疗的基本方法之一，尤其是在团体辅导中更为常用。

四、加强心理健康教育与体育教学的有机结合

加强心理健康教育内容的教学。体育理论课一直是学校的薄弱环节，应该被重视。老师通过体育理论课的方式讲授心理健康教育内容，帮助学生了解真正的健康包括身体健康、心理健康、一定的社会适应能力，三者缺一不可。其中身体健康是其他两个方面的物质基础，心理健康能使身体健康产生更大的价值。同时，帮助学生了解心理健康的标准、心理健康的影响因素，使其掌握心理健康保健的方法，学会及时而恰当地调节自己的心态，并鼓励学生经常参加体育运动，在运动中寻求快乐、陶冶情操。

因材施教，加强教学的针对性。体育教师要深入到学生中，了解他们的个性特点、兴趣爱好、运动技术水平以及身体素质等状况，做到心中有数，并因人而异。鼓励性格孤僻的学生选择篮球、足球、排球、集体接力、拔河等项目；鼓励优柔寡断的学生多参加球类活动，如篮球、排球、足球、乒乓球、羽毛球等项目；鼓励腼腆、胆怯的学生选择武术、体操（单杠、双杠、山羊等）以及篮球、足球等项目；鼓励急躁、易怒的学生选择下棋、太极拳、慢跑、长距离步行以及游泳等项目；鼓励缺乏信心的学生选择一些简单、易做的项目，如跳绳、俯卧撑、广播体操、跑步等；鼓励遇事紧张的学生多参加激烈的比赛，特别是足篮排项目；鼓励自负、骄傲的学生选择一些难度较大、动作较复杂的技巧性项目，如健美操、长跑、跳高、跨栏等。

多样性和多选择性相结合，突出学生的主体性。多样性是指体育教师所能展现给学生的不仅是丰富的内容，而且是富于变化的方式和方法。而多样性需要通过多选择性来显示其存在的价值，这也是学生个性发展的基本条件。因此，在学校体育教学中应根据不同学生的特点，选择不同的运动项目，或让学生自己选择，使每个学生的兴趣、特长都能得以发挥。

学校体育教学中的因素包括运动类型、运动强度、运动持续时间和运动频率。从运动类型来说，选择能产生良好的心理效应、令人愉快的运动，有氧运动，回避人际竞争的运动，可以自定步调的运动。从运动强度来说，目前大多数研究表明，中等强度的体育运动能够改善焦虑、抑郁、紧张和疲劳等情绪状态，相反，大强度的运动却可能加重紧张、疲劳的情绪。从运动持续时间来说，研究认为每次运动时间不少于 20~30 分钟，也可持续到 60~90 分钟。

五、结论

大量研究已表明，长期的身体锻炼对心理健康具有促进作用，对身心疾病具有治疗作用。体育运动能让学生更加了解自己在哪些方面有特长，对自己的能力、性格和优缺点做出恰当客观的评价，从而对自己不会提出苛刻的要求。另外，体育运动能发展学生的潜能，帮助其体验到自身存在的价值，并端正自我意识。

体育运动能让学生乐于同他人交往，融于集体中，将来在社会生活中能有较强的适应能力，做到人际关系和谐。

体育运动能使学生情绪稳定，培养学生乐观、开朗的性格，促使学生个性全面发展。

体育运动能发展学生的思维能力，培养学生良好的思想品德和意志品质，从而促进心理健康的发展。

【参考文献】

[1] 中华人民共和国教育部制订. 普通高中体育与健康课程标准（实验）[M]. 北京：人民教育出版社，2003.

[2] 王极盛. 心灵时代——心理主宰健康 [M]. 北京：中国城市出版社，1998.

[3] 余展飞，杨新发，林香玲，编著. 现代心理卫生科学理论与实践 [M]. 北京：世界图书出版公司，2000.

学校考勤管理中的问题与对策

利津县汀罗镇第一中学 盖志远

教职工考勤工作是学校规范化建设的重要组成部分，是日常教学管理工作中的重要环节。教职工考勤制度直接影响着学校健康向上的师风的形成，进而影响到学校的办学理念、管理水平和教学质量。

一、考勤管理的重要意义

师风是一所学校校园文化的灵魂，是其办学理念、管理水平和教学质量的重要标志。教职工考勤工作是学校师风培养与规范化建设的重要方式和保证。切实抓好教职工的考勤工作，是保证学校教育教学秩序正常运行和各项集体活动顺利开展的重要手段，对于加强教职工的组织纪律性、提高教学质量起到重要作用。规范合理的考勤制度能够保证教学秩序的稳定，提高教学活动的质量，强化教师的工作责任感。

二、考勤管理中出现的问题

为了规范教职工考勤管理，严肃工作纪律，提高教师出勤率，提升教职工的敬业精神和奉献精神，学校购进了面部识别考勤机并制定了严格的考勤机监管制度，由办公室负责监管。同时学校制定了严格的打卡出勤制度。学校安排专人根据考勤机上的考勤记录统计教职工每周的出勤，按时公布出勤情况，并对违规教职工给予扣除工作量、纳入年终考核等相应的处理。

使用考勤机以来，出现以下几种现象：（1）部分教师认为，领导对教职工的出勤管理太死板，不人性化；部分教师认为，只要把课上好了，一天的工作任务完成好了，是否一直在校坐班不用做硬性的规定。（2）部分教职工抵触情绪大，曾经出现过考勤机被划坏，甚至被摔坏的现象。（3）有的教师上班期间急需出校办事，来不及办理假条，被考勤机识别为旷工或迟到。所以考勤机无法全面反映出教师实际的出勤情况。

三、问题的分析

针对部分教师存在考勤机这种机械式管理方式是否适应学校出勤考核管理的疑惑，我们认为考勤机是符合学校出勤考核管理的需要的，同时也是必要的。自从第一次工业革命到社会高速发展的今天，无论是公职单位还是企业公司都非常注重单位制度的管理，守时是其中最重要的一环，是单位规范化、高效率的保障。高效的管理制度，特别是规范合理的考勤制度是打造一支优良团队的重要保障。学校是未来社会劳动者的培养基地，应培养学生从小养成良好的守时习惯，而教师是学生的榜样，应当以身作则。规范合理的考勤制度有利于劳动者守时观念的形成，因而学校也应该有一套行之有效的考勤管理方法和机制，以促进良好师风的形成和学校的持续发展。

当然，部分教师认为这是一种非人性化的管理方式，不利于激发教师的内动力，也是有一定道理的。首先，教师的工作是一种创造性的劳动，通俗地说教师干的是良心活，需要教师自觉、自律，因此教师考勤需要考虑到教师内在动力的激发和高尚道德品质的培养。其次，教师的工作不全都是在学校规定工作时间内完成，如课后辅导、家访等；再次，教师工作的时间和地点还具有不确定性，除课堂教学外，有些工作也可以在不同时间和地点进行，如备课和批改作业等。

四、问题处理建议

如何完善学校出勤管理制度，强化学校内部管理，严肃工作纪律，提高办学质量，是我们亟待解决的问题。

1. 引领教师以教师职业道德规范要求自己，认真履行《中华人民共和国教师法》规定的义务，尽职尽责完成各项工作任务。对无私奉献、额外付出的教师在考勤中做相应的记录、予以奖励，并形成制度。

2. 灵活制定各种检查制度，实行机签、手签相结合的考勤制度，完善请销假制度。制度的制定应为激发人的内动力，发挥人的潜能，发挥组织的最大效能。考勤工作要把机械地记录缺勤情况同全员管理检查教师的履职情况相结合。

3. 在制定管理制度时，力争达到刚性与弹性、规范化与人性化的统一。比如每学期给教师一定的处理私人事务的时间，给哺乳期女教师合理的哺乳时间等。理性的常规管理是一种把组织意志变为自觉行动的管理，是为教师提供一个发挥智慧的空间，是为教师提供宽松的教学环境。

4. 制度要以人为本，让教师在合理、规范且宽松的环境中工作。心理学研究表明，合理宽松的环境使人的脑细胞更兴奋，使人的思维更活跃，更有利于激发人的创新意识与内在动力。

"尚学"领航行　学生扬风帆
——基于学生核心素养发展的"尚学"班级工作思考与实践

利津县汀罗镇第一中学　韩　渤

班级管理必须要以学生核心素养发展为己任，坚持师生共同成长理念，以生为本，突出"文化引领、活动搭台、家校共育、协同发展"的思想，探索多维综合素质评价，让学生在实践中提高认知、陶冶情操、开阔视野、提升自我，为学生综合素质提升和全面发展营造良好氛围。

"尚学"引领　清渠活水

注重文化引领，是培养高度文化自觉的内在要求。文化是民族的血脉和灵魂，是国家繁荣振兴取之不尽、用之不竭的力量源泉。放到班级之中，就是要充分发挥文化引领学风、教育学生、服务班级、推动发展的作用。

经过一年多的实践和完善，我班在学校"尚学"文化的引领下，逐渐形成了"壁立千仞，有容乃大；明辨博学，慎思笃行；厚积薄发，自强不息；崇德远志，勇攀高峰"的班训和"你追我赶，永不言败；超越自我，永争第一"的班风。浓厚的"尚学"文化氛围激发了每个人的潜力和活力，大大提升了学生的自信心。学生的主观能动性增强了，责任感和集体荣誉感也增强了。教师、学生和家长共同营造了尊重学习、热爱学习和崇尚学习的氛围。

注重"尚学"文化引领，是大力推进教学和班级创新的必然要求。加强制度建设，用制度文化规范学生行为。班级管理制度、班级卫生认领制度、"尚学"小组评价方案、班会流程建设等班级制度在摸索中逐步健全和完善。学生在积极的班级文化影响下，逐步形成了对勤奋、细节、积累、读书等重要问题的价值认同。同时，我们还提出了"我们是火，激情四射；我们是风，强劲有力；我们是电，超越一切"的班级口号，激发起学生们的青春热情和昂扬斗志。此外，我们班级还开展了"比、学、赶、帮、超"，写挑战书和倡议书，"念同窗情，一起过生日"等多种多样的活动，营造出一浪高过一浪的"尚学"文化氛围。

活动搭台　激发活力

美国教育心理学家布鲁纳认为，知识的获取是一个主动的过程，学习者不应该是信息的被动接受者，而应该是知识获取过程的参与者。责任担当是学生核心素养的重要内涵。我班学生积极参加足球操展演、县足球比赛和县秋季运动会，在学校组织的军训会操、路队制比赛、歌咏比赛、经典诵读比赛中均名列前茅，全员管理考评一直在 A 档。

通过各种活动的开展，学生的归属感不断增强，也就有了参与班级事务的高度热情。学生围绕学校和学习的需要开展服务活动，增强服务意识，积极参与班级活动，增强个人的行动力，初步形成对自我、对班级负责任的态度。比如我班在推进"尚学"教学过程中，为推动学困生发展，探究出小组互助合作新模式，即在四人学习小组的基础上组内一号与四号同位，同时一号与另一小组一号相邻。这样既解决了小组学困生的问题，又解决了优秀生的交流问题。同时，相邻小组建立学习大联盟，通过联盟对抗，从更高、更广的层面激发学习动力。

家校共育　协同发展

在孩子教育这条路上，老师和家长携手同行，彼此应该充分尊重与信任。没有家庭教育的学校教育、没有学校教育的家庭教育，都不可能完成培养孩子的使命。家校共育，关键在"共"。家庭和学校的互相配合程度，影响着孩子的成长和发展。家校共育，目标在"育"。家长与老师有效配合，形成家校共育的整合优势，有助于为学生营造一个和谐的家庭环境和校园环境。

教育不仅仅是学校的事情，家校共育才是正道。热心班级事务的家长组成家委会，参与班级管理。班级文化建设、各种活动开展等都离不开家长们的参与。优秀生提高交流群、信息技术提效奋飞群、边缘生转化交流群相继产生。班级每学期召开2~3次家委会专题会议，多次召开家长会，和家长探讨孩子的情况，让家长了解学生的在校情况。

班主任及时进行家访，了解学生在家的学习状况；在寒暑假进行2~3次家访，让家长和学生真正感受到学校和班主任的关心；学期内以电话、微信交流为主，不让每一个孩子掉队。

加强学校和家庭联系，使学生的内在动力与目标感增强。加强家校沟通，关注学生健全人格和健康心理的形成；对学生重大事情进行科学研判和处理，帮助学生做好人生蓝图规划。

学生核心素养的发展是班级工作的出发点和落脚点。加强班级"尚学"文化建设的引领作用，促进良好班风、学风的形成。从细微处着眼，通过开展活动促进学生责任担当等核心素养形成。加上家校共育的强大支撑，我们的班级正在向目标明确、纪律严明、氛围和谐、本领过硬的"金牌"班级扬帆、奋进。

【参考文献】

［1］金鸿文．浅谈班主任如何做好班级管理工作［J］．学周刊，2018（30）：165-166．

［2］杨秀芝．班级精细管理培养学生良好行为习惯的策略研究［J］．学周刊，2019（05）：150-151．

［3］明锐．试分析初中班级管理工作中的教育艺术［J］．中国校外教育，2019（01）：49．

小组建设在"尚学"课堂教学中的实践应用

利津县汀罗镇第一中学 韩庆锋

改变学习方式是新一轮课程改革的核心,而合作学习是课改倡导的重要学习方式之一。小组合作式学习模式强调学生自主探究和互相合作学习,要求以学生自主学习为主导、以学习小组合作式学习为补充、以教师导学为辅助。这种模式能使学生的主体能动性得以充分发挥,它与传统教学模式相比,有着许多本质的不同。

一、小组建设,创新思维

我们在班级内开展小组合作式学习模式之前,应该先做好小组建设。只有建设好班级内的每个学习小组,才能实现课堂的高效性。接下来,我就小组建设在学科教学中的作用谈几点看法。只有了解小组建设所带来的益处,才能更有目标、更有信心、更加坚定地建设好每一个学习小组,迈出我们改革的第一步。

(一) 更新教师观念,转变教学角色

传统的教学是应试教育,由教师主导,向学生传授知识,为学生答疑解惑,长期持续这种教学模式限制了学生的思维。而如今的教学是素质教育,教师不仅要让学生学会知识,而且还要给学生想象、猜测、讨论的空间。通过小组合作式学习模式的引入,我们能更好地践行素质教育,摆脱旧观念的束缚,这样才能符合新课程理念的要求。

（二）激发学生兴趣，发挥学生主动性

一个人学到自己感兴趣的东西是不易忘记的，正如歌德所说："哪里没有兴趣，哪里就没有记忆。"兴趣对于中学生而言更是重要，有了兴趣，自然也就有了自主和自信。小组合作学习有效调动了学生讨论交流的积极性，激发其兴趣。学生会在无戒备、轻松的气氛中听取和采纳他人见解，自主表达自己的观点，在有限的时间内辨析、取舍、评价、知识重组乃至创新，形成立体知识网络。这种教学情境在学生大脑中不易消失，甚至保持很久。

（三）培养协作精神，锻炼竞争能力

在课堂合作学习中的交流往往能衍生出解题的多种思路和方案。学生通过合作学习学会与别人交流，吸收别人的长处。有些学生因为基础知识薄弱或理解能力不强而不能较好地掌握新知识，在做作业时遇到困难，部分学生会求助于老师，但相当多的学生怕问老师问题，不敢向老师求助。学习小组为这部分同学提供了"小老师"的帮助。这一措施对于提问题的学生和解答问题的学生起到了互助、互纠的作用，既帮助提问题的学生解决了困惑，也帮助解答问题的学生理顺了知识，甚至能够发现自己原有思路的漏洞。学生因为课业有了更多的交流，彼此之间也更加团结。

（四）提高个人能力，深化素质教育

学生在小组内体验课内的学习过程，从中掌握了一些解决问题的技能，依循类似的方式产生联想、孕育创新；在课外，学生离开了教师的视线，会更大胆地发表自己的见解，甚而争论，相互说服。

建设好学习小组能够更好地为教学模式的创新和评价体系的构建提供支持，能够提高学生的总结概括能力、语言表达能力、交际能力、创新能力、自学能力、自我评价能力和合作能力等，促进学生全面发展，深化素质教育。

二、小组建设的注意事项

我们对小组合作式学习模式的认识已经跨越理念走向行动：从最初尝试到有序运作，从注重形式到讲求实效。如何真正让学生的行为、认知、情感

参与到小组合作中来，使合作学习更具有实效，这是大家十分关注的问题。我认为提高小组学习的效率，还要注意以下几个方面：

（一）小组初期建设

首先，选一名得力的组长。组长是老师的小助手，是一组之魂。教师选一名成绩好、责任心强、有一定组织能力的学生担任小组长，由他负责全组的组织、分工、协调、合作等工作。

其次，起一个响亮的名字。小组成员集思广益、共同讨论，为小组取一个积极向上、富有新意、响亮的名字，这有利于凝聚人心，形成小组目标和团队精神。事实证明，只要教师相信学生，给学生表现的机会，学生的潜能和智慧必定能得到淋漓尽致的发挥。

1. 创设组名：各学习小组根据本组的特点，创设富有个性、积极向上、朝气蓬勃的组名，如飞天火箭、畅游太空、终极一组等，使本小组成员相互鼓励、奋发向上、团结协作。

2. 形成组训：学习小组成员通过讨论选择名言警句，作为本组的组训，以便激发进取心、凝聚力。

3. 制作组标：制作学习小组标志牌，放置本组桌面，时刻激励团队永远向前。

最后，确立一个奋斗目标。小组讨论制定阶段目标和长期目标，如在遵规守纪、行为习惯、预习效果、课堂展示、学业成绩、日常事务等方面达到什么目标，在班级的所有团队中达到什么水平等，要求目标清晰，人人明确。

（二）做好课前培训

第一，在课前教师要对班级内各个学习小组的组长进行培训，一方面是知识点的培训，另一方面是对于组内组织管理的培训。所谓知识点的培训，包括本节课的重点难点、答疑解惑、展示点评的注意事项等。刚开始实施时，教师的课前培训时间要充分些，需要强调很多细节，比如"这里要总结……""这里要强调……""这里展示的时候要画图"等。实施一段时间后，这个步骤就会变得简单，学生掌握了方法后培训就变成了点拨。

第二，在学生讨论的过程中，教师应深入到学生中去，倾听学生的发言，并观察各小组的表现，注意学习过程中出现的问题以及学生完成学习任务的情况。

第三，教师应有意识地培养学生的合作学习能力。

（三）注重细节，力求凝聚

任课教师应在每节课课前安排好一个时间表，几点几分引入、几点几分开始讨论、几点几分讨论结束、几点几分开始展示等都要部署清楚，甚至要详细到几点几分更换投影画面，几点几分提醒学生哪些注意事项等。这些工作做得越细致，我们在课堂上浪费的时间就越少，课堂才能更高效。

为提高学习小组组员间的契合度，教师除了引导学生课堂内的合作外，还可以开辟校园、家庭、社会三个平台。这里的学习不仅仅指课堂上的小组合作学习，还指课前的共学、课后作业问题的解决、某知识板块的互督互查与巩固、知识点的整理复习，甚至可以延伸到家庭学习，如家庭作业的督导、实践作业的合作、社团学习的共同参与等。

（四）方法训练，注重实效

学习小组，重在如何共学，学习方法的掌握尤为重要。根据小组合作学习的特点，教师需对学生的自学、交流、思辨等能力进行重点训练。

1. 自学能力。学生自学能力的培养是小组共学之基。在操作上，要强化三点：一是给学生预习流程的指导，教给学生预习的程序；二是给学生预习方法的指导，阅读、查询、批注、理条理、概内容、思考问题、试做练习等，根据学生的学段特点和知识储备，对常用的预习方法做重点指导，专项训练；三是关注学生预习习惯的养成，预习能力的形成，非一日之劳，需日久操练，持之以恒。

2. 交流能力。研讨是共学的主要呈现形态。如何交流、如何研讨，是小组共学之关键。如何及时展示独思先学成果，如何有效表达，是难点。

3. 思辨能力。思辨能力就是思考辨析能力，是小组共学中最需要提升的能力。当组员提出一个问题或表述一个观点时，其他组员头脑中能快速及时地对此信息进行评估和辨析，同时形成自己的观点，并为适时表达自己的观点而准备。

（五）及时评价，创新引导

对小组合作学习也要进行正确的评价。没有评价，学生学习动力会大大降低。在评价时，教师不要局限在学生得出的结论上，更重要的是学生在小组合作学习中的表现。学生在小组合作学习中的表现主要包括参与度高不高、分工合不合理、配合好不好、组内是否和谐、每个成员是否都有贡献等。这样，合作学习就不会流于形式，而能真正培养学生合作、自主、终身学习的能力。对表现好的小组，教师要及时表扬，引导其他小组向其学习。

总之，小组合作式学习模式是同学之间互教、互学的过程，也是互爱互助、相互沟通情感的过程。这样不仅使学生"学会"，而且使他们"会学"，并受到科学态度和科学精神的熏陶，提高科学素养。

【参考文献】

蒋振勤．浅析高效课堂中的学习小组建设［J］．学周刊，2015（32）：96．

小组互助,学科教学的腾飞之翼

利津县汀罗镇第一中学　邵德贵

随着"尚学"教学模式的纵深推广,我校教学形式呈现出积极向上的态势。以前,老师们靠加班加点、拼时间、拼体力来获得成绩,而这种做法明显与当前教育教学形式相抵触。传统的"满堂灌""填鸭式"教学模式已经落伍。我校教师积极探索、集思广益,在学习先进学校经验的基础上,逐步形成了自己独特的教学思想和教学理念,走出了一条具有"尚学"特色的"先学后教,小组互助"的教学之路。

我校的"先学后教,小组互助"教学模式主要由两部分构成:课前预习和课堂教学。

一、课前预习环节

教师在新课进行的前一天发放课时任务单,布置预习任务。预习时间可根据新课内容的难度确定:难度大,时间长;难度小,时间短。预习的目的是预先感知教材,弄清新课的重难点,帮助学生做到有的放矢,因此预习目标要明确。科目不同,预习的目标也有变化。设置课时任务单时一般要注意以下几方面:复习巩固已学知识,为学习新知识打好基础;初步了解新课基本内容,分析新知与旧知之间的联系;发现新课的重难点并标注,以备听课时解决;试做新课习题,感受新知的难易。

预习要集中时间,神情专注,准确把握新课的重难点,厘清知识脉络。

预习不是单一地看，要读、写、画相结合：读——认真研读教材，写——写好预习发现的新课的要点和疑点，画——画出新课的重难点。上新课前，学习小组组长集中小组成员，检查预习笔记，沟通预习情况。

二、课堂教学环节

展示教学目标。教学目标往往是一节课的主干知识及其要求的体现，因此长期坚持展示目标，可以培养学生的概括能力。教师课前利用1分钟左右的时间口述、板书或投影展示教学目标。

布置自学任务。教师用2分钟左右的时间给学生布置自学任务，让学生知道自学什么、怎么自学、用多长时间、应达到什么要求、届时如何检测等。

学生自学，小组沟通，教师巡视。学生用5~8分钟的时间，按照老师的指导自学，积极思考，及时地进行操作实践。这一环节学生处于主体地位，锻炼他们的自主学习和动手能力。在过程中，教师要加强督查，及时表扬自学速度快且效果好的学生，激励他们更加认真地自学。另外，教师要重点关注落后的学生，可以跟后进生悄悄说几句话，帮助其端正自学态度，认真自学。

检查学习效果。教师用5~8分钟的时间让中下游学生尤其是后进生用板演或口答的形式对所学知识进行操作。若后进生做对了，说明全班学生都会了，教师就不要再讲了；若后进生做错了，教师引导中等偏上的学生分析，讲清错因，引导更正、归纳。这样做不仅对后进生有帮助，而且能使其他同学理解得更加深刻。这一环节可以最大限度地暴露学生自学后存在的疑难问题。此环节需要注意以下几个问题：（1）要解放思想，真正让后进生做演示操作。（2）要面向全体学生，后进生回答问题或板演时，要照顾到其他学生，让他们聆听别人的回答，随时准备纠正错误，或布置他们做练习等。（3）教师要巡视，搜集座位上的同学有哪些错误，并及时分类：哪些属于新知方面的，这是要解决的主要问题；哪些属于旧知遗忘或粗心大意的，这是次要问题。教师把倾向性的错误用投影或板书展示出来，供讲评时用。

小组讨论更正，教师适时点拨。用 8~10 分钟的时间，在学习小组组长的带领下，进行小组活动，通过组内比较，让学生各抒己见、自由更正。同时教师要求学生讨论，说出错因和更正的道理，并引导学生归纳，以便指导以后的运用。学生讨论和教师点拨使学生进一步加深对所学知识的理解，最终形成运用所学知识去分析问题、解决问题的能力。

训练巩固。教师布置作业，并要求学生用 15 分钟左右的时间完成，检测每位学生是否都当堂达到了学习目标。这样能及时反馈信息，做到"堂堂清"，并能帮助学生将所学知识通过训练转化为操作能力。教师要督促学生独立完成作业，鼓励必做题做完了的学生做选做题或思考题。通过巡视，教师了解哪些同学真正做到了"堂堂清"。

毋庸置疑，"先学后教，小组互助"的教学模式更适应当前的教育形式，但它不是最完美的，肯定还有更好的教学模式等着我们去探究。追求永无止境，广大教师们将携手同心，积极探索，刻苦钻研，在教育教学这片神圣而辽阔的土地上辛勤耕耘，探求出更好的教学方法，创造出更好的成绩。

以活动为载体，营造学生健康成长的乐园

利津县汀罗镇第一中学　王怀军
利津县盐窝镇中心学校　　崔　旭

文化育人是学校的重要任务，也是我校全面加强内涵建设、提升教育教学质量、推进素质教育的需要。

为了充分发挥"尚学"教育培养人、教育人、塑造人的功能，我校针对学生特点，开展系列活动，以陶冶学生的情操，启迪学生的智慧，丰富学生的情感，锻炼学生的体魄，提升学生的综合素质，促进学生的全面发展。

我们以有计划、有目的、有组织的活动为载体，以张扬学生个性、培养良好的行为习惯和提高人文素养为切入点，让学生尚学，成浓郁之学风；潜心钻研，虚心求教，锐意改革创新，让师生的自主劳动和成果展示实现有机结合，教师尚学，成至善之教风。

一、优化育人环境　营造良好学风

学校牢固树立"立德树人，关注人的发展、人的完善和人的幸福"的教育价值观，倾心打造人文校园；依托校园读书节、艺术节、科技节、体育节等绿色学校建设活动，利用重大节日和纪念日，开展主题教育实践活动。

充分发挥校内各种媒体的作用。我校通过校报《尚学》、广播站、宣传栏、校园网等媒介，不断增强人文底蕴，优化育人环境，巩固和完善文明校园建设。班主任开展常态化的调查和跟踪，每学期举办1~2次主题班会，做到主题鲜明、内容实在、形式活泼、全员参与、注重效果，资料积累齐

全，并体现在班级日志中。学校围绕诚信考试，认真开展学风教育，指导学生制定合理的学习和职业发展规划，营造良好的校风、学风和班风。

二、提升学习技能　丰富校园活动

为提升学生的学习能力，学校根据学生的年龄特点，以"弘扬先进文化，争做优秀学生"为主题，开展了劳动技能大赛、英语故事大赛、美文诵读、我的汀一生活演讲比赛等系列竞赛活动，不断激发学生学习的兴趣和热情。丰富的校园文化活动，使校园充满了温馨和谐的气氛。

我们举行了《弟子规》《三字经》《论语》《道德经》和《少年中国说》等一系列经典书籍的诵读比赛活动。目的是培养学生良好的阅读习惯，增加学生的文化底蕴，教育学生热爱祖国、励志读书。每学期我们举办两到三次班级文化评比活动，目的是培养学生健康的审美情趣和良好的艺术修养，同时提升班集体的凝聚力。

举办科技创新活动。目的是激发学生学习科学知识的兴趣，培养学生崇尚科学、热爱科学、运用科学的精神。

开展主题教育活动。学校每学期利用国家重大节日和纪念日，积极开展主题教育活动，目的是引导学生缅怀历史，培养他们的爱国主义情感。

积极拓展丰富多彩的班会活动，创新班会的组织形式。学生就生活中的热点问题，自主组织，展开讨论，教师相机引导。目的是引导学生形成正确的人生观、价值观。

三、活动多元化　教育个性化

学校牢固树立"尊重差异，因材施教，为每个学生提供最适合的教育"的学生成长观，开展丰富多彩的校本活动，为学生施展特长、张扬个性搭建平台。立足于学生的发展需求，学校已在物理、化学、书法、绘画、音乐、乒乓球、篮球、羽毛球、足球等方面积极开发校本课程。各学科还根据学生特点组织了知识竞赛、专题讲座、实验技能训练等活动。校本活动的开展，极大地激发了学生的学习兴趣，为学生的全面发展和终身发展奠定了良好的基础。

学校坚持抓好上午和下午各半小时的阳光跑步活动，确保学生每天体育活动的时间不少于1小时；每年举行春秋两次田径运动会，定期开展跳大绳、踢毽子、拔河、60米往返跑等趣味体育比赛。通过这些体育活动的开展，学生养成了良好的体育锻炼习惯，运动技能得到提高。另外，学校采用比赛、表演等多种方式加强学生课间操训练。规范的出操队列、整齐划一的做操动作成为学校一道亮丽的风景线。

总之，在活动中提高，提高的不只是学生的兴趣和技能，更是一种团结协作的精神、奋力拼搏的斗志、积极健康的心态。学生接受教育的过程成为享受成就、享受幸福的过程。

【参考文献】

［1］王为民. 影响学习成绩的四大因素的因果模型之研究［D］. 上海：上海师范大学，2005.

［2］陆璟. PISA学习参与度评价［J］. 上海教育科研，2009（12）：4-9.

［3］杨友生. 高效课堂的正能量［J］. 文学教育（下），2013（04）：38-39.

培育"尚学"家风，更需要家长的责任担当

利津县汀罗镇第一中学 杨洪民

"尚学"教育理念，在注重学生"尚学"和教师"尚学"的同时，也注重家长"尚学"，提出了"家长'尚学'，成仁厚之家风"的理念，强调家长这一角色在教育中的关键作用。

众所周知，中国人素来讲究门第家风的教育和传承。不论是古代中华文明所追求的耕读为本、诗礼传家，还是当代社会倡导的明礼、孝亲、忠厚、诚信、勤俭，都像一根牢固的纽带，紧紧维系着中国民众的固有家风。而良好家风的传承，并不只是通过口头方式，更重要的是通过长辈的以身作则。

当下，家庭教育的重要性已得到家庭、学校和社会的广泛认可。家庭教育成了孩子个性化发展的重要因素，尤其在儿童阶段。父母是孩子的第一任老师，家庭是孩子的第一课堂。作为孩子的第一任老师，父母的言传身教潜移默化地影响着孩子的成长。培育孩子端正的品行、良好的习惯、求知的兴趣以及长久的幸福感，是父母一生中最重要的事业，而家庭就是最好的教育场所。

一、培育家风，家长是第一任老师

家庭是孩子成长的沃土，家长则是孩子的第一任老师。家风从小就滋润着孩子幼小的心灵。

20世纪七十年代初期，物资极度匮乏，人们的生活必需品粮、油、肉、

蛋等都是定量凭票供应。当时有一对教师夫妇，他们的月工资不到 40 元，家庭生活十分拮据。他们和两个女儿，不但住房拥挤不堪，而且平日也是粗茶淡饭、省吃俭用。尽管生活艰难，他们在孩子的学习上却没有丝毫消极懈怠。对于孩子的教育，妈妈的严格里面渗透着浓浓的爱。

大女儿回忆说："白天妈妈上班，我们上学。晚饭后，妈妈带我们去学校办公室，她备课、改作业，我和妹妹看书、写作业。从小学到中学的十几年里，几乎天天如此。"正是母亲这样简单的生活方式和敬业精神，让孩子们养成了良好的学习和生活习惯。不论学习还是做事，她们都能坐得住、不浮躁。

而这位妈妈却说："从我父亲对我的影响，到我对我女儿的影响，实际上就是家风的传承，而家长是培育家风的第一任老师。"

二、家教，父亲要担负起应尽的责任

一个家庭里，父亲的角色至关重要。一个称职的父亲，要花足够的时间和精力去关注孩子成长的每一个阶段，甚至要拿出足够的时间单独与孩子相处。

但是，现代社会有一个问题，就是大部分的父亲与孩子的接触时间远远不够。大多数的父亲常常以忙于工作为理由，把孩子的教育责任推给孩子的妈妈和学校的老师。

新东方教育集团创始人俞敏洪带领他的专家团队曾经做过这样一个调研，他们让学生做出选择。假如发了大水，一艘船上有 9 个人及其他物品，包括父母、爷爷奶奶、小狗、电脑等，行驶途中因某些问题，只能留下 3 样东西（人或物品），其余必须扔进水里。孩子选择留下来的除了自己以外，第二样通常都是妈妈，最终选择把爸爸留下来的只有 20% 的学生。从调研的结果可以看出，大部分孩子对爸爸的角色没有深刻的认识。

专家们通过这个调研再一次强调，父亲一定要花足够的时间陪伴孩子，每月、每周甚至每天都要有一定量的时间与孩子在一起，和孩子聊聊天，了

解孩子关心、关注的话题，与孩子沟通学校生活中遇到的问题，帮助孩子消除困惑。这样不但可以培养孩子对父亲的信任，而且可以让孩子从父亲身上学到独立的精神。

三、家教，最关键是要培养孩子的好习惯

叶圣陶曾说过："什么是教育？简单一句话，就是要培养良好的习惯。"父母的第一责任是教育孩子，而教育孩子最关键的就是要培养孩子良好的习惯。

记者向一位荣获诺贝尔奖的科学家问道："请问您在哪所学校学到您认为最重要的东西？"这位科学家平静地回答道："在幼儿园。""在幼儿园学到什么？""学到把自己的东西分一半给小伙伴。"这位科学家出人意料的回答，直接明了地说明了儿时养成良好习惯对人一生具有重要意义。

习惯决定孩子的命运。习惯的力量是巨大的，人一旦养成一个习惯，就会自然而然地去做一件事。好的习惯，使人受益终生；坏的习惯，对人贻害无穷。通常我们说一个人素质不高，往往就是因为这个人有许多坏习惯。

专家研究表明，3～12岁是人养成良好习惯的关键期。12岁以后，孩子已逐渐形成许多习惯，新习惯要想扎下根来就很难了。通常学习成绩好而且稳定的孩子，在小时候都养成了良好的学习习惯；而成绩忽好忽坏的孩子，往往没有养成良好的学习习惯。现在的一些家长非常看重学习成绩，千方百计地培养孩子在外语、美术、音乐等方面的能力，而忽视了学习习惯的培养，这是我们现在家长在培养孩子上最大的误区。

那么，如何培养孩子的好习惯呢？关键在于了解孩子，任何教育都应以了解教育对象为前提。作为成熟的父母，应当善于与孩子沟通，知道孩子在想什么、干什么。当孩子做出一些成人难以理解的事情时，父母不要当即质问或训斥，而应平心静气地从孩子的角度出发来思考孩子为什么要这么做。经过这样的思考，父母就容易了解孩子，就能慢慢地帮助孩子养成良好的习惯。

一般来说，习惯可以在有意识的训练中形成，也可以在无意识的状态中形成。而良好的学习习惯必须在有意识的训练中形成，不可能在无意识的状态中自发形成，这是学习习惯与一般习惯的根本区别。父母不可能也不必成为教育学家或心理学家，甚至不必成为教师或教师的助教，但是，父母必须承担起最基本也是最重要的责任——当好孩子的第一任老师，为孩子树立一个积极向上的榜样，培养孩子良好的习惯。

"尚学"课堂教学模式下小组合作学习的实效性研究

利津县汀罗镇第一中学 任 康

《礼记·学记》中曰:"独学而无友,则孤陋而寡闻。"孔子曰:"三人行,必有我师焉。"自古以来,众多学者提倡合作学习。作为合作学习的一种重要形式——小组合作学习,20世纪70年代初兴起于美国,并在70年代中期至80年代中期取得实质性进展,成为一种富有创意和实效的新型教学组织形式。小组合作学习作为对传统教学模式的补充和突破,已经被越来越广泛地运用于课堂教学中。小组合作学习也是我校"尚学"课堂所倡导的学习方式之一。

那么,如何才能有效地组织学生开展小组合作学习,笔者就这一问题结合教学实践做了以下研究。

一、影响小组合作学习的因素

(一)教师因素

经过大量的课堂观察和调查,我们发现教师在采用小组合作学习的课堂中存在不少问题:

1. 教师没有真正理解小组合作学习的内涵,而将小组合作学习简单地定义为小组讨论。教师只是表面化、形式化地实施小组合作学习,这样严重影响了这种学习方式优势的发挥。

2. 教师缺乏组织指导，缺少对学生相应的监督。

3. 教师的评价换汤不换药，是选拔鉴别的另一种形式。小组评价中的团体目标评价能使学生在合作学习的过程中产生团体竞争的积极性，但这种评价方式也有一定的负面影响。首先，只有一个评价参照——教师，从而使评价方式缺乏公平性；其次，鼓励某个合作学习小组即极少数学生，从而使评价又成为选拔鉴别的过程，只有少数学生才能够体验到成功的快乐。

（二）学生因素

小组合作学习虽然与教师的组织领导分不开，但是这一学习方式的主体是学生。合作学习实效性的实现，关键在于学生。

1. 学生参与小组合作学习的程度不同。少数学生频频发言，大部分学生"默默无闻"，使合作学习流于形式。

2. 学生缺乏合作学习的技能和技巧。有的学生不知道怎样与其他人有效地合作，不知道怎样与其他成员正确清晰地交流。

3. 学生缺乏自制力，不专心，游离于合作学习之外，这样降低了小组合作学习的实效性。

二、增强小组合作学习实效性的策略

如何有效增强小组合作学习的实效性？我认为在正确理解和把握小组合作学习基本理论内涵的前提下，针对以上影响因素应采取以下策略。

（一）科学组建合作学习小组

科学组建学习小组是合作学习得以顺利开展的前提。教师应在充分了解学生、研究学生的基础上进行学习小组的划分，使各个小组总体水平基本一致，以保证各小组开展公平竞争。组建学习小组一般遵循"组内异质，组间同质"的原则，要以学生的年龄特点和思维特点为基础，而且要求小组成员在性别、个性特征、才能倾向、学习水平、家庭背景、社会背景等方面分布均衡，以便发挥学生的特长和优势。此外，还应要求小组成员团结友爱，便于合作学习的充分开展。

(二) 明确目标，合理分工

明确的学习目标和合理的分工是开展小组合作学习的关键。在小组合作学习过程中，小组的每个成员都应明确各自的角色，清楚各自的任务，以保证合作学习有序有效地进行。小组合作学习的目标是小组成员共同确立的学习目标，是小组成员共同努力的方向。这就要求小组成员不仅要努力实现个人目标，也要分工协作，与小组其他成员一起共同达到预期的合作学习目标。

(三) 建立平等、民主、和谐的师生关系

新课程标准倡导建立平等、民主、和谐的师生关系。在小组合作学习时，教师应重新定位角色，真诚地和学生探讨问题，共同研究解决问题，倾听并尊重学生的意见，并允许学生保留自己的想法。教师应循循善诱，鼓励学生把握机会积极地表现自己。只要给小组充分的时间与空间展开合作学习，人人都有表现的机会，就会撞击出思维的火花，让学生逐步体会到小组合作学习的乐趣和成功的感受。

(四) 培养团队意识和合作技能

培养小组成员团队意识和合作技能是开展小组合作学习的基点。团队意识和合作技能主要包括互相信任、团结互助的意识和技能，主动表达自己见解的意识和技能，学会小组讨论的意识和技能，尊重别人发言的意识和技能，以友好方式对待争议的意识和技能。

另外，我们在开展小组合作学习中还发现这样一种现象，一些学生在小组合作过程中不知不觉跟着别人的问题"跑"了。为此，教师在组织小组合作学习之前，让学生先将自己想要解决的问题写在纸上，在合作中边听别人的发言边做记录，同时准备自己的发言。学生要善于动脑筋思考，提出不同的见解，展开争论和辩论，有时甚至可以跨组讨论。只要是对解决问题有益的方式和行为都是允许的。

(五) 建立具有导向性和激励性的评价机制

合理的评价机制是提高小组合作学习效果的重要途径。在合作学习过程

中，我们要激发每个成员的最大潜力，实现共同目标和个人目标的辩证统一，建立一种既能激励学生个人积极性又能促进小组内成员互助合作的评价机制。比如，当学生完成相应的任务后，教师要发放鼓励条，并统计每周学生手中的鼓励条数量；然后，奖励前三名的小组同学。这样便调动起了同学们的积极性。合理的评价机制能够将学习过程评价与学习结果评价相结合、对小组集体评价与对小组成员个人的评价相结合，从而使学生认识到合作学习的价值和意义，并更加关注合作学习的过程。

总之，有效的合作学习使学生在原有的基础上重新整合所学知识，对知识有一个系统全面的把握，从而完成学习任务。我校师生在"尚学"教学理念的指导下，必将不断改进和完善小组合作学习的指导策略，使我们的课堂更加高效、和谐。

【参考文献】

[1] 陈秀云. 浅谈小组合作学习的有效性 [J]. 成功（教育版），2010 (04)：101.

[2] 文涛. 论有效的课堂小组合作学习 [J]. 教育理论与实践，2002，22 (12)：53-56.

[3] 张丽辉. 小组合作学习的有效性探析 [J]. 辽宁师专学报（社会科学版），2008 (02)：53-54.

小组学习中一个也不能少

——小组教学案例

利津县汀罗镇第一中学　张林华　李永青

小组合作学习是新课标所倡导的高效学习方式之一。它是指学生在小组内为了完成某一共同任务，各司其责、分工协作的互助型学习。小组合作学习既有助于培养学生的合作精神和团队意识，又有助于培养学生的参与意识和竞争意识，使学生善思乐学。同时，它还有助于分层教学，从而促进全体学生的发展。

接下来简单介绍一下我班小组建设和课堂运用的有关情况：

一、目的和原则

目的——使更多的学生参与学习。

原则——兵教兵，组员能解决的问题，组长不讲；组长能解决的问题，老师不讲。

小组构建——4人制，编1—4号，1号为组长，2号为副组长，3号为记录员。1号与3号、2号与4号互助。

二、课堂运用

课堂上采用发放鼓励条的办法。鼓励小组合作兵教兵，调动后进生参与学习，积极发言。1、2号回答问题得1张鼓励条，3、4号回答问题得2张鼓励条。

课堂上指定人员回答且答对的，几号回答的问题就得几张鼓励条；抢答或主动回答的，答对的鼓励条翻倍。

三、奖励方法

1. 一周一汇总

条换星、星换旗——10张鼓励条换1颗星，5颗星换1面旗。

2. 一月一表彰

每月评先进并予以表彰。评选先进小组——得星最多的组、先进组长——先进小组的组长、先进个人——得星最多的个人。

3. 升旗时全校表彰

由校长颁奖，获奖人与校长合影。照片张贴于教学楼走廊内。

下面是我在小组合作教学中的案例片段，以求同行们的批评与指正。

[案例1]

"有朋自远方来"是六年级的语文综合活动课，以综合学习为主，结合写作和口语交际。通过这次活动，学生学会了利用图书馆和互联网获取资料，提高了合作意识，训练了口头表达能力，展示出自我风采。

步骤一：学生分小组搜集资料。有交友诗词组、文章名言组和成语典故组。

步骤二：分头准备。设计活动方案，包括起好活动名称、进行小组分工、推选主持人、布置活动场地等。

步骤三：自我展示。事前拟一份发言提纲，确定自我介绍的各项内容，用新颖的形式"包装"发言，如以照片或视频的形式辅助，讲述自己的一些趣事，以给同学们留下深刻印象。

学生通过自主、合作、探究的学习方式，不仅学会了获取资料的方法、分门别类整理资料的方法，而且体会到分工、合作的乐趣。

[案例2]

《故宫博物院》是六年级上册的课文,本文的教学要求学生积累迥然不同、井然有序等重点词语,能梳理文章的结构、文章说明思路,感受故宫建筑群的艺术风格。在学习本文之前,学生已接触过类似的文章,并已初步掌握分析文章的方法,所以,这篇课文适合让学生通过小组合作学习的方式,在一课时内完成。

课前准备,老师先安排学生查找文章的背景资料,独立阅读课文,再根据自己的理解,从文章思路、中心、语言特色等方面自我设计5个题目,并做好解答。

第一步:组内交流。学生先在小组内讨论自己设计的问题,讨论内容包括题目设计是否合理、明确,答案是否正确等;讨论后去掉重复的问题并做整理。教师巡视,指点后表扬问题设计较好的小组。

第二步:小组挑战。问题设计较好的小组向其他组发起挑战(向他们提问自己小组整理的问题)。挑战组可指定应战组内任何一位同学回答问题,应战同学如遇到难题,可先向组内成员求助;如不成功,可再向其他组求助。教师在旁边适时点拨、点评。这是班级内各小组之间的合作及小组成员之间的进一步合作。

第三步:统计评奖。评选最佳挑战组、最佳应战组和最佳援助者。这样,学生在自主学习的基础上通过合作探究,既提高了提问的意识和能力,又弥补了个人考虑问题不全面、不透彻的不足。

通过实践和案例的分析,我们认为小组合作学习有以下几点优势:

1. 合作学习有利于体现学生的主体地位

小组合作学习要求学生向别人发问、向别人阐述自己的看法,这不但增加了学以致用的机会,而且让学生认识到学习的重要性——不学习就会落后。

2. 合作学习有利于培养学生的自学能力,使学生善思乐学

在小组合作学习中,每个成员都积极参与到学习活动中并且都带有极大

的热情，人人各抒己见、尽其所能，不思考就成了旁观者。合作学习把学生由旁观者变为参与者。在小组合作中，已经掌握某种知识和技能的学生会把知识和技能教给其他成员。学生的积极性提高了，自学能力也提高了。

3. 合作学习能培养学生的组织能力

在组织对话和操练中，小组长要根据实际情况安排谁先谁后、谁问谁答，充分考虑对话的难易度和学生的水平。

4. 合作学习能拓宽学生学习的空间

合作学习不仅将学生个体间的学习竞争关系改变为"组内合作、组际竞争"的关系，还将传统师生间的单向或双向交流改变为师生、生生间的多向交流，而且还将学生课内学习延伸到课外。

总的来说，通过小组合作学习，学生善于思考了、乐于学习了，提高了合作意识和能力。学生在学习中体会到了成功的喜悦，增强了自信心，提高了学习成绩。

【参考文献】

［1］王坦．合作学习：原理与策略［M］．北京：学苑出版社，2001.

［2］李粉娥．构建合作学习小组　提高合作学习效率［J］．科学教育前沿，2019（05）：21.

"尚学"引领促发展　星旗鼓励助提升

利津县汀罗镇第一中学　崔建强

韦伯斯特说过："人们在一起可以做出单独一个人所不能做出的事业；智慧+双手+力量结合在一起，几乎是万能的。""尚学"思想引领下的小组教学和全员管理，在教育教学过程中有诸多益处。

一、"尚学"引领，增强学生积极性与团队意识

小组合作学习从"独学"变为"组学"，由"注入式"变为"诱思式"，使小组成员有了更多的机会表达自己，从被动地听讲转变为主动地参与。再加上优秀小组的评比，激发了学生的斗志，充分调动了其积极性。同学们讨论、回答问题异常活跃，甚至有时会出现一个问题提出来全组"哄抢"的局面，课堂参与度大大提高。在小组合作活动中，小组成员充分互动增强了凝聚力，培养了团队精神，激发了学习积极性。

实施小组合作学习后，每个学生都积极参与学习活动，集思广益，各抒己见，人人都尽其所能。小组合作学习的过程是同学之间互帮互学、交流知识的过程，同时也是互爱互助、沟通感情的过程。

二、"尚学"引领，提高学习效率与竞争意识

小组合作让学生真正地参与到课堂中，每个人都有发言的机会，都能发表独特的见解。课上面对问题，小组内成员沟通交流、取长补短，从组员的

发言里产生新思路，又对组员的想法提出合理补充，最后整合形成较好的学习思路，进而提高学习效率。课后遇到不懂的问题，学生可以随时请教，通过组内成员的帮助，及时解决问题。

笔者所教班级按照"组内异质、组间同质"的原则进行分组，这样有利于合作学习的开展。按照此原则建构小组至少有两个优点：一是同组之间学生能够相互帮助、相互支持，二是不同小组之间可以比较，形成竞争。

三、"尚学"引领，星旗评价激发学生潜力

以往对学生的评价只是通过发奖状的方式进行，这种评价方式比较单一，特别是对于高年级的学生，作用不太明显。而鼓励条、鼓励星、小红旗的评价方式是一种层进式鼓励，目标步步明确，更能激发学生的积极性，使鼓励措施更有实效性。我认为小红旗的数量应直接关系到学生的评先树优，与中考素质教育评价等级挂钩，让学生更加重视平时的学习与表现。

鼓励条，一般用于对学生的认可评价，学生表现好了、进步了，老师用鼓励条的方式表示肯定。我认为鼓励条也可以成为学生对自己评价的方式，学生感觉自己进步了，就可以申请鼓励条。再者也可以进行同伴互助互学互评，同学们感觉谁进步了，也可以申请给他鼓励条，这样更能体现同学间的榜样作用。当然，这些前提是自己或同学的表现在申请时已得到大多数人的认可。一句话，鼓励条要发给真正有进步的同学。

实施鼓励条评价制度以来，小瑞同学的学习热情明显提升。他抓住获得鼓励条的每一次机会，主动承担班级卫生工作，上课积极回答问题，作业书写更加认真，书写规范程度明显提升。在每周的德育主题班会中，小瑞同学得到同学们的一致好评，连续两次获得"鼓励条大王"的称号。

四、"尚学"引领，全员管理促进学生全面发展

对学生的评价还要结合全员管理。评价学生，不能只看学习，更要注重学生行为习惯、品行的评价，全员管理正好是对它的有利补充。在学生的日

常行为管理中，教师发现问题及时批评教育，并对学生的行为表现进行量化，让学生认识到自己的不足。

最后，对小红旗进行赋分，结合全员管理得分对学生进行月评价和学期末评价，再将两者结合，进行最终评价，这样可以更加全面地评价学生。这些举措的好处显而易见，笔者所教班级学生积极性大幅提升，同学们主动喊出了"我是一束光，照亮你我他"的自我宣言，班级管理各项工作也都名列前茅，得到了领导和家长们的一致好评。

总之，学校在教学中采用小组合作学习和全员管理的方式，形成了师生、生生之间的全方位、多层次的交流模式，达到了使学生会学、爱学、争学、乐学的目标，进而有效地促进了学生全面发展。

【参考文献】

[1] 张付英. 浅谈初中班主任班级管理 [J]. 中国校外教育，2018 (34)：36.

[2] 庄延青. 初中班主任班级管理艺术探究 [J]. 教学管理与教育研究，2018 (23)：96-97.

生本理念下构建初中语文高效课堂探究

利津县汀罗镇第一中学　许春梅

在现阶段的初中语文教学过程中，部分语文教师将教学的重点放在夯实学生的语文基础知识上，并采用标准化的教学方式。这种教学方式导致学生的学习积极性被严重消磨，而构建初中语文高效课堂便成为了空谈。在此背景下，一种新的教育思想和模式开始走进广大教师的视野，即生本教育。在教学的过程中，语文教师应真正从学生的角度思考问题，并结合学生的反应进行针对性引导，真正让学生掌握相应的语文学习方法，增强他们的语文学习能力，从而获得良好的语文教学效果。

一、运用多媒体教学法，提高学生的诗歌鉴赏能力

兴趣是最好的老师。在课程改革的大背景下，要达到在语文课堂上促进学生发展的目的，关键在于培养学生的学习兴趣。因此，老师要注重信息技术与语文课堂的深度整合，利用多媒体技术在课堂上融入更多的视听资料，让学生在图片、音频、视频等时代性的元素中，真正融入课堂中，学习知识、发展才能、提升思维、展开想象。特别是在诗歌教学的过程中，教师可以运用多媒体进行授课，从更全面的角度展示诗词的创作背景，以及诗人的人生处境等，从而让学生更为立体地赏析诗词、品味诗词，提升学生的诗歌鉴赏能力。

例如，在开展《天净沙·秋思》这部分内容的教学过程中，教师运用多媒体授课，即从多个角度展示创作背景，以及诗人的人生境遇，让学生的诗词学习更为全面。与此同时，教师引导学生从生活的角度，进行内容的解析；又让学生从作者的角度，进行赏析，促进学生诗词鉴赏能力的提升。在具体教学的过程中，教师应注重以下几点。第一点，提出问题。教师提出如下问题让学生思考：请尝试从诗人的角度，赏析此首散曲蕴含的情感。第二点，展示资料。教师运用多媒体，展示此首散曲的创作背景、营造的意境、诗人的人生处境等。第三点，展示成果。教师运用文字，简要介绍学生的学习成果。通过运用多媒体教学的方式，教师以生本理念为指导，让学生更为全面和立体地感受诗歌、赏析诗歌，促进学生诗歌品味的提升，真正做到让学生参与到课堂中。

二、采用自主探究教学，培养学生独有的审美视角

生本理念下语文课堂的构建过程中，教师可以运用自主探究的方式开展授课，为学生开创独立思考的空间，并结合他们的学习水平进行针对性引导，真正让学生的语文学习更有方向性，也让学生获得独有的审美视角，提升语文学习能力。

例如，在学习《假如生活欺骗了你》这首诗歌的过程中，教师采用自主探究的方式，并注重为学生搭建独立思考的平台，真正促进他们独有审美视角的形成。在具体的教学过程中，教师采用如下的方式授课。首先，整体把握文本。教师与学生一起阅读文本，并运用多媒体，简要介绍这首诗产生的背景，让学生从更全面的角度赏析此首诗歌。其次，提出问题。在大部分学生阅读完毕后，教师进行如下引导：请结合个人的生活体验和掌握的语文知识，赏析此首诗歌。与此同时，教师走入学生中，积极地与他们互动，并结合学生的反馈，进行针对性指导。最后，展示成果。通过和学生交流，教师发现有些学生从"祸兮福所倚，福兮祸所伏"的角度赏析此首诗歌，有些学生从"相信未来"的角度赏析诗歌。通过运用自主探究的方式，教师以生本理念为指导，促进学生独有审美视角的形成。

三、创新教学模式，实施"小先生制"

生本理念在中学语文课堂中的落实意味着老师应该将学生作为学的主体、思考的主体。因此，老师要不断地探究教学模式，创新教学方法，积极展开"小先生制"的教学模式，让学生担当老师的角色，在课堂上进行授课。

例如在《背影》的学习中，老师在讲新课之前设计好任务单，让学生通过任务单进行预习。在课堂上，老师随机挑选一名学生，让这名学生模仿老师讲课。这时学生便获得了老师的角色，在课堂上讲解预习的知识。这种方式既能督促学生在课下认真预习，又能锻炼学生的表达能力和心理素质。当"小先生"讲完课之后，老师再请其他的"小先生"进行补充，最后由老师做课堂的总结。这样的教学过程既有助于提高课堂效率，又有助于发挥学生的主体作用，真正把课堂还给学生。为了激发学生们当"小先生"的积极性，在课堂上踊跃地表现自己，老师要鼓励每位学生。当学生讲完以后，老师要及时予以肯定和鼓励，增强学生的信心，让其更有表现的欲望。另外，教师以生本理念为指导，给予学生中肯性的评价，让他们在以后的学习中不断地完善自己，真正实现以学生的发展为本。

总而言之，在构建生本理念下的初中语文课堂时，教师应真正从学生的角度思考问题，构建具有生本性质的语文学习空间，让学生掌握相应的语文学习方法，促进学生语文学习能力的提升，最终达到增强语文教学高效性的目的。

【参考文献】

［1］范振虹．初中语文课堂教学如何构建高效课堂［J］．中华少年，2018（25）：184.

［2］李红艳．构建初中语文高效课堂教学模式的思路探索［J］．亚太教育，2015（34）：49＋17.

全员管理模式下的育人探究

——构造管理模式，创建"尚学"校园

利津县汀罗镇第一中学 伍建强

为维护学校安全稳定和良好的教育教学秩序，营造安全、稳定、文明、健康的育人环境，自2019年第二学期开始，我校以"全员管理、全程管理、全方位管理"的管理新机制为基础，加强学校精细化管理，创建"尚学"校园。

我校主要从两方面完善了管理制度。一是全面建立了以政教处为主的学校领导、带班领导、值班教师的三级学生管理机制，营造学校人人参与学生管理、人人有管理目标的管理新机制。二是进一步细化了学生课上、课下、午休、晚休管理，健全学生管理相关制度，实现在时间、空间上的无缝衔接。

班级管理作为全员管理的组成单位，是全员管理的关键。因此，在新的管理机制下，学校对班主任工作又提出了新的要求。班级的管理对象是学生，随着独生子女的增多、家庭特殊情况的增多，现在的学生变化很大。所以，我认为在接手任何一个班级时，班主任都有必要了解班级里的每个学生。现在的学生主要具有以下特点：

优点：活泼、开放，思维敏捷，乐于接受新生事物，敢于向权威挑战。

缺点：纪律制度方面，自由散漫，不愿意受约束；思想道德方面，缺乏爱心，往往只爱自己，自私自利；言行举止方面，缺乏诚信，比较浮躁。

对学生有了一定的了解后，班级常规管理有哪些需要，班主任也要做到心中有数。我认为班级常规管理要做到以下两点：

1. 培养班级正确舆论与良好的班风

班风是反映一个班级精神面貌和教育质量的重要标志，所以良好班风的培养很关键。首先，班主任利用班会做好批评与自我批评，树立正能量，让学生做真实的自己，让同学之间真正做到不放弃、不抛弃。其次，班主任利用好网络资源与书本内容，多去渗透感恩和励志教育。多激励，少批评；多欣赏，少指责。最后，利用评价机制规范学生行为，激发学生学习的热情。我校的小组评价机制比较完善，每节课都有评价，每一周都有汇总。合理的评价机制有利于学生的发展，能更好地调动学生积极性。

2. 树立明确的班集体奋斗目标

班级目标包括近期目标，如力争周周拿流动红旗；远期目标，如月度评价保持在全校前三名等。学校也教育学生树立目标意识、未来意识，眼光放长远，做一名合格的学生。

在此基础上，我们还要选择合适的班级管理方式。班主任应以身作则、公正处事，以自己虚心好学的态度激励学生，以自己的人格魅力感染学生。身教永远胜于言传，平时学生们时间都比较紧张，我有时间就自己打扫班级卫生，久而久之，学生们都会很在意班级卫生。宿舍内务整理时，大部分学生都不太会叠被子，我就手把手地教他们。

在具体的管理中，班主任要注意管理的方式和技巧，充分尊重学生，爱与要求并存，这样才能收到良好的教育效果。具体要努力做到以下三点：

1. 情感式管理

管理，七分靠情感，三分靠技术。爱是学生接受教育的前提。我一直牢记"亲其师，信其道"这一信条。你要教育学生，必须先让学生亲近你、热爱你。爱是教师施教的基础。爱，不是溺爱，不是放纵。教师不要吝啬爱，要使每个学生都感受到爱。因此，值班的时候，我吃住都会和学生在一起，让每一个学生都真真切切地感受到关心和爱。一位挚爱学生的班主任必然能在学生中树立威望，必然会受到学生的信任与爱戴。

2. 公平式管理

尊重学生人格、尊重学生情感、班级管理民主平等是现代教师的标志。只有民主，才能公平，要改变观念，必须放弃权威。新型的师生关系应该是一种平等的、朋友式的关系。

3. 制度式管理

没有规矩不成方圆。规章制度是学生学习生活的标准和依据。学校必须有一套合理有效的规章制度，并认真执行。为了规范学生的行为，从上学期开始我校一直实行路队制。疫情期间，路队制也起到了很大的作用。孩子们放学去餐厅、回宿舍都迈着整齐划一的步伐，这成为我校一道亮丽的风景线。路队是班级文化的重要组成部分，走好路队要做到快、静、齐。走好路队是讲文明、守纪律的表现。规范、有序、整齐的路队是良好班风的体现，也是学校文明形象的一个窗口。我要求学生按照军训会操的标准来规范自己的行进步伐，规范自己的行为从走路开始。初中阶段的核心就是"三好习惯"养成教育，即学习习惯好、行为习惯好和生活习惯好。习惯成就人的个性，影响人的一生。初中阶段是学生身体及心理发育的关键期，也是习惯养成的重要时期。因此，这一时期注重对学生良好习惯的培养就显得尤为重要。这离不开制度的约束和管理，学校全员管理为习惯的养成提供了保障。我班根据"三好习惯"培养方案制定了量化评价细则，从出勤、仪容仪表、课间操和课间纪律到宿舍和教室卫生等每个细节都是专人专责量化评价，引领学生逐步养成良好的习惯，实现健康成长。

回顾十八年的教学管理工作，有成功时的喜悦，有失败时的沮丧，更有学生和家长给予我的感动。十八年与学生的朝夕相处让我明白只有深入的思考、真诚的付出、科学的管理，才能收获学生的信任和爱戴，才能收获家长的理解和支持。全员管理下的育人之路还很漫长，还需要我们去更深入地探索，我坚信教学和学生管理的路上没有克服不了的困难。教师是一个特殊的职业，面对的是鲜活的且不断发展变化的学生群体，因而只有和孩子们一起成长，才能获得良好的教育效果。

【参考文献】

[1] 苏程.浅谈构建学校德育全员全程管理模式［J］.现代妇女（下旬），2014（02）：119.

[2] 白志敏.浅谈新时期如何做好班主任工作［J］.教师，2013（21）：18-19.

[3] 赖永建."赏识教育"的认识与实践［J］.西部教育研究，2010（04）.

初中数学课堂中的"小任务，大作用"

利津县汀罗镇第一中学 隋娟娟

随着课程改革的深入进行，传统的教学模式无法适应现代学生的发展要求，学校需要构建高效的数学课堂，提升教学效果、提高教学质量。课时任务单在教学过程中发挥了优势，不仅体现了学生在课堂学习中的主体地位和主观能动性，而且更利于教师课堂引导、提高教学效率。课前的预习、课堂的探究和课后的检测反馈，让数学课堂在学生的积极参与中高效进行。随着师生不断摸索前进和教学实践不断验证，我们发现小小的任务单对学生学习数学有着积极的意义。

一、明确课堂目标，培养学生的目标意识

任务单分为四部分，第一部分就是学习目标，即双基目标：基础知识、基本技能。学生根据学习目标完成课前的预习清单、课上的探究清单和最后的当堂检查清单，所以明确、清晰的学习目标是提高课堂效率的前提。

课堂要向 40 分钟要质量，质量来自目标的完成度。教师只有依据课程标准和学生的认知水平，制定切合实际教学的学习目标，才能让学生在课堂上实实在在地学会知识，学会思维方式和学习方法。课堂教学才能真正落到实处。

二、发挥预习优势，激发学生的学习主动意识

数学课堂关键的第一步是预习。预习是联系学生与课堂的纽带，是学生

获得知识的敲门砖。任务单的预习清单恰当地解决了如何预习的问题。教师布置预习任务，学生带着明确的预习任务进行预习，做到有的放矢。

要制定详尽有效的预习清单，对教师就提出了更高的要求。教师需要认真研读教材、教参、课程标准等材料，准确把握本节课的知识内容，提出既有价值又吸引学生的预习任务，促使学生产生浓厚的学习、探索兴趣。教师通过检查预习清单了解学生对新知识的掌握情况，在授课过程中根据学生情况及时调整教学思路，更有针对性地实现教学目标。

学生要在课前完成任务清单，所以对学生的预习要提前做出要求。一记，读目标、读教材、读预习任务。对预习清单和学习目标中提出的定义、定理等读一读、背一背，从整体上认识知识结构。二练，做一做预习清单上的预习问题，通过练习检验自己的预习效果。三思，数学知识具有连贯性，很多知识的思考、探究方式是相同的。比如类比思想，正比例函数、反比例函数、一次函数、二次函数的探究方式相同，在学习一个新的函数时，可以通过回顾、类比的方式去预习。四改，根据教师的预习批改，遇到疑难再返回学习课本例题，然后再尝试练习，再次提高自己的预习效果。

三、利用合作探究，培养学生的自主探究意识

我们学校实行"尚学课堂"教学改革。在课堂教学改革中，我们展开了探究清单的探索使用。在设计探究清单之前，教师针对本节课的内容和目标制定切实有效的探究活动。根据具体课堂内容来定，要把预设和生成和谐统一起来，既要注重高水平的预设又要注重动态的生成，从而提升知识教学的效率和能力培养的效果。好的课堂要求教师起主导作用，学生起主体作用。只有让学生动起来，发挥主观能动性，深入思考、深度交流，才是真正的"尚学"课堂。

对于数学课堂来说，不同的课题探究方式也不同。比如在二次函数的图像与性质复习课中，探究问题就是围绕知识点选取的4个问题，跟着两个变式的形式，对每个问题及时进行知识归纳。在勾股定理新课中，探究问题是让学生动手操作，剪拼三角形探索勾股定理。在坐标系中点的移动新课中，学生运用棋子在直角坐标系中的移动来探索点的变化，并总结规律。在探究问题上，用得最多的方式是小组合作。

四、用好课堂反馈，培养渗透数学思想的意识

课堂反馈是指课堂教学过程中教与学的各种信息的相互传递和作用，它始终贯穿于课堂教学的整个过程，是师生共同参与的过程。学生的学情如何，需要课堂练习和课堂检测反馈出来。有效的数学课堂反馈能帮助学生以较少的时间和精力去获得更好的学习效果。我们在课堂实践中发现，如果忽略了学生的反馈，会导致学生虽然记住了知识点，但是不会用。所以，教师在任务单中设计了检测清单。为了让不同水平的学生都有收获，题目设计上要分出层次，基础题用于巩固课堂知识，提升题让学有余力的学生有进一步的提高。课堂反馈既能促进数学课堂教学改革与创新，又能提高数学学习质量，有着不凡的意义。

新课改强调了学生的主体性，强调了教学的高效性，这就需要教师改进教学方法，改变传统的教学模式，融入多元化的教学方式，将课堂联系实际生活，增加学习的趣味性。我们贯彻"尚学"教学理念，小小的任务单发挥了大大的作用，让学生积极主动地参与到课堂学习中来，真正提升了学生的能力。

【参考文献】

[1]刘见乐．初中数学教师实施合作学习教学方式状况的调查研究[D]．沈阳：沈阳师范大学，2012．

[2]许彩琼．如何培养农村学生的数学行为习惯[J]．中学教学参考，2014（18）：32．

[3]董青青．对初中生数学探究性学习兴趣培养分析[J]．中国校外教育，2016（08）：46+135．

小组合作学习在"尚学"课堂建设中的应用

利津县汀罗镇第一中学 程建芳

我校的"尚学"课堂在探索研究与改进中已历时几个年头,小组活动始终是其中最得力的抓手。从某种程度上讲,小组建设、活动的情况直接决定"尚学"课堂的效果。可以说,小组建设就是"尚学"课堂的细胞,只有让细胞充盈、活力四射,才能确保"尚学"课堂充满生命力。

一、小组建设前的服务与准备,师生达成规则共识

教师在开学前对学生进行培训,加强小组建设,增强团队意识。教师对学生进行自我管理和"尚学"课堂入门培训,让学生尽快适应新生活,学会自我管理,做自己的主人。其中,组建4人小组是一项重要的任务。

(一)组建小组

组建小组,主要采用以下3种方式。

1. 教师指定

班主任在了解学生的知识基础、学习能力、学习习惯、性格品行等方面后,按照学生特点合理、均衡构建小组。例如,小组构建用4人制,编1—4号,1号是组长,2号是副组长,3号是记录员。1号与3号、2号与4号互助。组建小组的目的是使更多的学生参与学习。原则上组员能解决的问题,组长不讲;组长能解决的问题,老师不讲。

2. 自由组合

学生自荐组长进行小组搭档组合，教师调整、协商产生小组。这种方式便于调动学生积极性，利于小组民主管理。

3. 民主推荐

制定评选组长的标准，由全班民主推选出小组长；然后由班主任、科任教师、小组长根据实际情况进行小组搭配。（小组长推选的基本标准：①有较强的组织和协调能力；②有较强的口头表达能力；③有良好的学习成绩；④有责任心与集体荣誉感；⑤有创新意识和发现问题、解决问题的能力；⑥有服务同学的意识。）

（二）师生民主协商，制定小组规则

教师与学生共同协商，多方征求意见，制定小组规则。小组采用围坐式管理，采用鼓励条、鼓励星、小红旗等评价学生在各学科的表现。教师与学生商定了5条规则如下：

规则一：课堂教学方面。根据学生在课堂提问、质疑、答辩、讨论等方面的表现，酌情发放或扣除鼓励条，加或扣一分即加或扣一张鼓励条。10张鼓励条可以兑换1颗鼓励星，10颗鼓励星可以兑换1面小红旗（鼓励星、小红旗以备开学后在小组园地张贴）。为了调动组员的积极性，对难度较大且有创新的问题提出独到见解的学生，最多可获得3张鼓励条；被老师口头表扬的学生，可获得1至2张鼓励条。鼓励小组合作兵教兵，调动后进生参与学习积极发言，如果1、2号回答得1张鼓励条，如果3、4号回答得2张鼓励条。课堂上指定回答答对的，几号回答的得几张鼓励条；抢答或主动回答答对的，得翻倍的鼓励条。课堂上不专心且影响他人的，视其行为扣1—2张鼓励条；坐姿不正或者握笔姿势不正的，也要酌情扣除鼓励条。

规则二：作业评价情况。教师评价学生的作业质量，分为A、B、C三种情况，分别赋2、1、0张鼓励条。不交、丢失作业（包括老师要求保存的其他资料或笔记等）者减2张鼓励条。存在以下情况的，酌情扣除鼓励条：未按规定时间交作业的，被老师点名后仍不补交作业的，抄袭他人作业的，用手机上网查询答案抄袭的。针对作业情况，小组长每天如实记录并汇总后发到组长群中。

规则三：各组长互相交换记录每名学生所得鼓励条、鼓励星数量，即一组监督二组，二组监督三组，三组监督四组，以此类推。各小组长每天、每周进行汇总，将兑换的小红旗张贴在本组量化评价表中。对于没有如实记录的组长，教师一经查实，扣除两张鼓励条并对其进行思想教育。

规则四：学期末各项荣誉称号（三好学生、优秀班干部、优秀团员等）的评定，落后小组成员不能参加（特殊情况除外）。对每月评出的先进予以表彰，评选先进小组——得星最多的组、先进组长——先进小组的组长、先进个人——得星最多的个人。升旗时全校表彰，由校长颁奖，获奖人与校长合影，照片张贴于教学楼走廊内。

规则五：学习要和其他方面并重，学习好的学生和学习落后的学生要兼顾，这样学习落后的学生才有可能在量化分数上超过学习好的学生，学习好的学生也才有危机感。如制定一些思想、品德、行为方面的加分标准，这样更能激发学习落后学生的积极性，有利于培养学生的健全人格。例如，对学习、班级建设提出建设性意见的，每人次加2张鼓励条；主动做好事者，视其影响加1—2张鼓励条；积极参加学校组织的各种活动并取得优异成绩的，每人次加2张鼓励条；在竞赛中，取得优异成绩（获奖）的，每人次加3张鼓励条。

二、过程管理跟进小组培训

小组采用围坐式管理，这样有利于小组成员之间开展合作，增强小组凝聚力。学习小组建设的过程管理培训，小组各成员都要参与。既要有学生的"独学"，也要有学生的"合作对学"，只有这样才能真正发挥小组合作学习的作用。对学生的过程管理主要分为3个阶段：

第一阶段：9月上旬，教师依据年级组制定的小组评价细则，对学生进行科目学习方法和学习任务单使用等培训。各小组自行制定组名、组规、组宣言、组目标等，老师组织各组展示、评比，督促各组设计小组铭牌。

第二阶段：9月中旬至期中考试前，教师根据小组活动中学生的表现情况，再结合学科教师的反馈，对小组内各个层面的学生进行小组学习的细节培训、小组文化建设培训、小组管理培训和课后合作的指导培训。

第三阶段：期中考试后至学期末，教师根据考试成绩重新组合小组，调整座位，组长、组员重新分工，力求做到各小组人员配置合理，组与组之间实力平衡、优劣互补、优优互补，达到小组最佳组合。

三、激励评价提升小组水平

小组评价的原则：小组团队评价与组员个体评价相结合，定量评价与定性评价相结合，日常评价与阶段评价相结合。

评价方式多种多样，比如有学校制定的综评方案，年级组制定的小组评价细则，也有各班根据班情自定的班级评价方案。评价方式也可分为日常评价和阶段性评价，即天天做考查、日日有记录、周周有周评。每学期中和学期末还有学校的综合素质考评，这种大型的综合素质考评既针对学生个体又针对小组群体。

操作流程：根据评价细则，小组组员轮流记录每天的情况并交给组长；组长一周做一次汇总，在每周的班会课上汇报和点评；每月值日班长汇总记录各小组评价考核情况；期中和期末考试后进行阶段性评价、评比，评出优胜小组、模范组长、优秀个人等荣誉称号并进行奖励。

四、任课教师充分发挥作用

1. 积极转换教师角色，尽管现在提倡学生是学习的主体，但是教师也应发挥其主导作用。

在学生自主学习中，老师要布置合作任务，不能放任学生自由讨论。在小组讨论时，老师要聆听小组成员讨论的内容，并及时给予指导，同时也起到监督记录的作用。

2. 加强对小组长的重点培养。

首先，教师应树立组长的权威，不在同学们面前批评小组长，强调小组长的工作职责和为同学们做的贡献，在全班多表扬小组长。其次，教师不仅注重小组长现有的能力，还要注重其潜能的开发与培养。再次，教师应重视对小组长的思想教育，让他们认识到担任组长不是只有付出，也是对自己能力的培养与锻炼。

3. 强化"组"的概念。

当小组成立后，教师要赋予组长一定的权力。组长及时分配学习任务，做好组织分工，督促小组成员自主学习，控制好组内成员自主学习、合作讨论、高效展示的进程，确保每个学习任务中的学习活动顺利进行，真正实现学生自我约束、自我管理的新局面。教师还要深入到小组中去，做学生的知心朋友，与学生一起探究讨论，倾听每一位学生的心声，为学生的合作学习起潜移默化的示范作用。同时，教师也要做一名教育教学的指导者与监督者，适时点拨、引导，了解学生存在的问题，指导学生学会尊重、学会倾听。

4. 指导"组"的日常工作。

在课堂上进行小组合作学习时，可能出现有的学生合作不主动，参与度不均衡、不到位等问题，教师一定要问明原因，给以方法指导，使小组合作顺利进行。

5. 制造"组"的合作竞争氛围。

小组活动时，学生的参与度不均衡造成了"优秀学生讲，后进生听"的局面，表面上热闹、活泼的合作学习气氛实则隐含着种种问题。因此，教师应根据组内成员的特点分配给他们"最擅长"的任务，使人人有事做、事事有人做，充分调动其积极性。教师以活动促进组的凝聚力、团结进取意识，同时提高学生能力。教师要指导学生如何多得鼓励条，如何减少被扣鼓励条。只有这样才能真正发挥鼓励条量化的意义。

6. 灵活进行"组"的评价。

评价是对学生的一种肯定、一种鼓励。教师要对每个学生做深入了解和细致观察，对合作较好的小组和积极参与学习的成员要及时评价和激励，让他们充分体验合作的乐趣，充分享受成功的喜悦。同时任课老师不必每节课都进行小组评价，有些课堂没必要进行小组评价，但必须具有评价的意识。

总之，小组建设是学校"尚学"课堂建设必抓的一项重要工作。只有扎扎实实做好这项工作，"尚学"课堂建设才能见到成效。反之"尚学"课堂建设只能徘徊不前，更达不到预期的效果。为了快速提升教育教学质量，我们应携手共进，把小组建设成为充满活力、运行高效的优质细胞，为学校的教育教学工作注入活力，进而提高教学质量，逐步推进教育发展。

【参考文献】

朱永新. 中国新教育 [M]. 北京：中国人民大学出版社，2011.

巧用小组合作，打造英语"尚学"高效课堂

利津县汀罗镇第一中学　张金蒙

小组合作教学是一种基于小组合作、自主探索的新型教学模式。教师需要了解学生的个体化差异，根据学生的学习能力、性格特点、思维特征等综合情况，按照"组内异质、组间同质"的原则对学生做好学习小组的划分，通过任务驱动指导学习小组开展合作交流。初中英语教师在实际教学活动中可以利用小组合作教学模式，为学生营造良好的学习环境，使学生在探讨英语知识的过程中产生思维碰撞，充分发挥群体学习的效应，以打造英语"尚学"高效课堂，促进学生的全面发展。

一、合理分组

现阶段，初中英语教师要按照"组内异质、组间同质"的原则进行分组，把各方面能力不同的学生分到一组，每组4到6个人。他们的交流能力、思考能力、操作能力以及学习成绩等都有所不同，差异性可以保证小组成员之间有效地探讨学习。另外，教师在分组时要确保不同小组之间的水平均等，使小组之间公平竞争，高效地探讨交流。

例如，教师在讲解"My name is Gina."这一课程时，把学习成绩较好和学习成绩相对落后的4名学生分成一组，让小组成员进行对话演练。在演练中，学生通过对话交流达到"兵帮兵"的效果，共同体会学习的乐趣。

二、选择合适的教学内容

小组合作学习能够充分发挥作用的重要条件是教学内容必须和学生的发展需要相符合。教师要按照学生所处的发展阶段、身心特点以及学习能力设计恰当的教学内容，让小组同学进行讨论，激发其学习热情和求知欲，保证英语课堂教学高效有序地进行。

例如，教师在讲解"When is your birthday?"这一课程时，在考虑学生的口语能力和知识水平之后，利用西方国家宴会的有关习俗进行教学："Maria, what do you want to do at Kang Kang's birthday party?" "I want to play the guitar and sing a song." "When is his birthday?" "He was born in July, 2002." 教师让学生以小组为单位选择生日宴会中的场景进行模拟对话，再对比中西方宴会的不同之处，使学生加深对知识的理解，并了解不同的风土人情。

三、科学布局

在开展小组合作的过程中，学生真正成为课堂的主人翁，并主动树立明确的学习目标，从而收获更为理想的学习效果。因为初中生在课堂自制力以及自主学习方面还存在着一定的不足，所以创设一个积极向上的学习氛围是十分必要的。

为方便小组成员共同学习，教师可以打破原有的课桌摆放布局，根据班级的实际情况按照"田"字形、"O"字形或者"U"字形进行规划布置。不同的课桌布局形式对应的教学主题也有所不同，例如在进行角色扮演时，可尽量将座位靠墙放置，留出教室中央的位置，从而为学生提供更大的"舞台"。另外，教师应明确无论采用哪种布局方式，其首要目的都是要让每个学生听得清课堂内容，同时更加积极主动地参与到课堂学习中。

四、利用多媒体技术

良好的课堂学习环境可以保证小组合作学习的顺利进行。现阶段，越来越多的领域开始应用多媒体设备。教师也可以利用多媒体设备进行教学，让学生直观地感受知识世界，激发学生对英语学习的欲望，获取更多的课外知识，为小组合作学习奠定良好的基础。

例如，教师在讲解"When was it invented?"的内容时，充分发挥多媒体的作用，播放与课程内容相关的图片、视频，让学生有直观的感受。观看结束后，教师让学生分组进行对话练习，充分了解各种发明，扩展学生的想象空间。

五、师生互动

英语作为一门语言类学科，交流互动是学习过程的基本要求。小组合作学习的目的是让学生积极参与，主动交流。教师要注意观察学生的合作情况，适当地提示和引导，并和学生交流沟通，以保证学生合作的顺利进行。

在实际应用过程中，教师可以生活热点为基础创设问题情境，引导学生对问题进行创造性分析。当小组学习活动遇到困难时，教师应及时引导和帮助，但不要急于告知正确结果，而是帮助其找到正确的思考方向。教师也要观察每个小组的动态情况，对于讨论不认真的小组或者学生，应积极干预，协助学生找出学习活动开展不顺利的原因，并帮助其排除障碍，以激发学生的合作学习热情。

六、科学评价

因为学生的学习层次不同，所以在小组学习过程中所获得的学习成就也存在着较大的差异。但无论进步多少都是值得鼓励的。教师在评价学生时，应从多个角度进行考量，比如合作学习参与度、课堂表现、任务完成度等，最重要的就是关注学生的学习过程，以激发学生参与小组合作的内在驱动力。同时教师也要不断细化评价标准，并统一标准，统一计入学生的综合评价中，并选出每周"英语学习进步之星""英语擂主"，引导学生形成荣誉观念。教师还要着眼于学生综合素养的评估，以确保评价的客观性和有效性。

七、课后实践，促进学生思维拓展

在实际教学活动中，课后总结是必不可少的环节，也是帮助各学习小组巩固探究成果的重要手段。在这一阶段，教师在总结好教学成果后，可针对各学习小组掌握不到位、不牢固的知识点，分层设计课后实践任务，使小组成员在实践过程中养成活学活用英语知识的习惯，促进学生英语综合素养的持续发展。

以初中英语课本中"Life is full of the unexpected."这节课为例，鉴于A组成员的语言表达能力不理想，教师引导学生开展马丁·路德·金的经典演讲稿"I have a dream."的朗读活动，以提高该组学生的语言表达能力。鉴于B组学生的写作基础知识掌握得不够牢固，教师要求B组学生以"Life is full of surprises."为主题，开展写作活动。同时，教师建议B组学生自行设计剧本，联合A组学生进行情景剧的演出。这种方式既能锻炼B组学生的写作能力，也能锻炼A组学生的口语表达能力，同时两组学生在相互合作的过程中优势互补，实现学习上的合作共赢。

八、结语

教师利用小组合作的方法能够高效高质地完成课堂的教学。在实际的英语教学过程中，教师要善于通过有层次性的教学内容设计，结合多种教学手段，为学生提供多元化的教学模式。小组合作学习模式的运用，从根本上提高了学生的英语知识学习能力和英语思维水平，为学生今后的全面发展奠定了坚实的基础。

【参考文献】

[1] 李玲俐. 初中英语教学中小组合作学习的若干思考[J]. 读写算（教师版）（素质教育论坛），2017（40）：301.

[2] 熊晓燕. 小组合作学习模式对初中英语教学的意义[J]. 求知导刊，2017（28）：95.

[3] 袁林琳. 合作学习，谁与争锋——谈小组合作学习在初中英语教学中的应用[J]. 中学生英语，2017（32）：71.

[4] 刘静波. 小组合作学习在初中英语教学中的作用分析[J]. 中国校外教育，2019（07）：78-79.

开展真实的学校课程变革

——以"尚学课堂改革教学"为例

利津县汀罗镇第一中学　任丽娜

课程改革是颠覆传统课堂教学的改革，要彻底转变教师的观念，转变课堂模式，建立高效课堂。但是，目前初中课堂教学情况并不理想，存在学生的学习积极性不高，教学内容缺乏吸引力，教学方法过于陈旧等问题。如果这些问题得不到及时解决，势必会直接影响初中英语高效课堂的构建。"尚学"课堂改革结合课时任务单和课堂鼓励条，使课堂效率大大提高，使学生真正成为课堂的主体。

一、教学观念、课程观念、学生观念的转变

（一）新教学观念

通过学习和新课改的不断实施，我逐渐认识到教学的本质不是传统教学中教师主导的单向活动，而是教与学的双向活动。教学是交流的过程，是探究的过程，是师生合作、互动的过程。课堂教学不仅要使学生获得适应社会的能力，而且还要培养学生获取知识的主动性和创造性。

（二）新课程观念

课程是体验和感受，是教师、学生、教材、环境的整合。教材不是教学内容的唯一载体，课堂不是学生获取知识的唯一场所，教师不是学生获取知识的唯一指导。教师要懂得只是用教材而不是教教材。

（三）新学生观念

在"尚学"课堂教学中，学生是学习的主体。教师要尊重学生，承认不同学生的独特性，并为其创造成功的机会；教师要树立学生学习的主体意识，相信学生，热爱学生，让学生真正成为课堂的主人。

二、挖掘教材，活跃课堂，注重实践

（一）挖掘教材，精心编写导学案

在新课改课堂教学中，教师只是教学的组织者、指导者，学生才是学习的主人。教师的主体作用首先体现在课时任务单的编写上。新课改以来，我认真钻研，挖掘教材，重组教材中的知识点，形成知识链，构建知识网；根据不同的教学内容，精心设计课时任务单，为上好不同类型的课打好基础，做好铺垫。

（二）充分展示，让学生真正成为课堂的主人

学生是学习的主体，课堂则是每个学生充分展示自己的平台。我坚持使用"尚学"课堂模式进行英语教学，尽可能将课堂交给学生。主要方法如下：

第一，大胆放手，耐心指导。学生初次接触课改，好奇而又陌生。第一堂课改实验课真可谓笑料十足，漏洞百出。面对失败，我没有气馁，而是和学生一起分析失败的原因，然后鼓励他们继续大胆向前迈进。在展示环节中，我一改过去每节课都是优等生发言的状况，规定每个学习小组的每个成员必须轮流上台展示。在展示过程中，有表现较好的学生，也有表现平平的学生，无论面对什么样的学生，我都会静静地等待他们展示完，从不中途打断。因为一旦被否定，他们的信心将备受打击。特别是后进生也会因此产生恐惧心理，教学又会回到由优等生主宰的原路上。

第二，多点奖励，少点批评。教师应充分关注学生情感态度的变化，采取积极的态度，多运用激励性的语言，如"说得真好！""你懂得真不少！""语音语调相当漂亮！""真有创意！"等。激励性评价能调动学生探求知识的积极性，激发学生主动学习的愿望，让每个学生都能体验成功。记得有一位学生基础很差，他那笨拙的口语常常引得其他同学哄堂大笑。每当这时，他总是满脸通红，不知所措。我会立刻示意大家安静下来，并微笑着对他

说："不错，声音非常响亮，讲解也很有个性，继续努力。"果然，接下来的时间里，他越说越流畅，越讲越精彩，其他同学也被深深打动了。为了更好地激励大家，"尚学"课堂又设立了奖励机制，如积分量化制度，以条换星、以星夺红旗制度等。在浓厚的合作竞争氛围中，学生们不甘落后，个个争当学习的主人翁。

（三）反馈检测，落实学生的知识掌握情况

课改过程中，反馈检测也是相当重要的。反馈检测的内容主要体现在课时任务单的检测清单部分，形式多样。教师可对学生进行当堂检测，也可利用早自习或晚自习对部分学生进行综合抽测，还可在课余时间，让每组的小组长对本组的学生进行简单测试；另外，每天的预习清单也是一种检测方式。教师应及时发现学生在知识掌握或口语表达方面的不足，并及时补充讲解，不让一个学生掉队。

三、"尚学"课堂收获的喜悦

经过探索实践，"尚学"课堂改革取得了一定的效果。学生的学习兴趣提高了，课堂上充满欢声笑语，真正做到了在快乐中学习、在学习中感受快乐。学生的口语表达能力增强了，从单词到句子，再从句子到短文，最后从对话表演到知识点讲解，同学们都能朗朗上口，轻松应对。学生的集体协作能力增强了，大家都懂得如何分工协作，如何团结友爱。"尚学"课堂要求把课改工作做得细之又细，每一个环节都要稳扎稳打，落到实处。教师要把课改作为一项持久的工作，孜孜不倦地探索，同时不断总结得失、及时修正、及时完善，把课改工作推上新的台阶。

【参考文献】

[1] 郭小静. 初中英语高效课堂的构建策略探究 [J]. 名师在线，2019（08）：69-70.

[2] 陈震辉. 构建中学英语高效课堂的策略探究 [J]. 读与写（教育教学刊），2019，16（03）：73.

学习任务单在"尚学"历史课堂中的应用

利津县汀罗镇第一中学 孟桂云

新课程改革的不断推进对中学历史课堂的教学质量提出了更高的要求。精心准备学习任务单,将学习任务单与小组合作有机结合并应用于中学历史教学中,可调动学生的主观能动性,培养学生小组合作意识,提高学生学习效率。本文阐述如何设计学习任务单及在课堂教学中如何使用,并分析学习任务单在小组合作学习中所起的作用。

一、确定学习任务单的学习主题

学习任务单分三个板块:第一板块,自主学习预习清单;第二板块,课堂探究问题清单;第三板块,当堂达标测试清单。

例如学习《革命先行者孙中山》这一课:

(一)自主学习预习清单的设计

1. 孙中山创立政治团体的时间、地点。
2. 中国同盟会成立的背景、纲领、性质、意义。
3. 三民主义的内容及意义。

这三个问题的设计是建立在学生自主学习的基础上,问题设计相对简单。学生通过自主预习掌握这些基础知识,极大地提高了学习效率。

(二)课堂探究问题清单的设计

1. 总结归纳孙中山早期革命活动的事迹。

2. 分析归纳三民主义与同盟会政治纲领的关系。

3. 辛亥革命的纲领阐发是为什么？其指导思想是什么？

这三个问题的设计有一定的难度，注重培养学生综合运用知识回答问题的能力。学习任务单中，课堂探究部分问题的设计具有启发性和层次性，是开展小组合作的重中之重，也是保证学习质量的前提。首先，问题的设计应体现新课改对知识与能力、过程与方法等方面的重视。其次，问题的设计应以学生为中心，为学生提供探索发现的平台，依托小组间的交流互动，不断开拓学生的视野。

（三）当堂达标测试清单的设计

1. 选择题。

"振兴中华"是每一位爱国志士的不懈追求。最早喊出这个口号的是孙中山，为了振兴中华，他成立的中国第一个资产阶级革命团体是（　　）。

A. 强学会　　B. 兴中会　　C. 光复会　　D. 同盟会

2. 填空题。

（　　　）是中国第一个资产阶级革命团体，（　　　）是第一个全国规模的、统一的革命政党。

3. 材料题。

今者中国以千年专制之毒而不解，异族残之，外邦逼之，民族主义、民权主义，殆不可以须臾缓。而民生主义欧、美所虑积重难返者，中国独受病未深而去之易。

——孙中山《民报·发刊词》

根据材料，结合所学知识回答，标志中国"千年专制"被推翻的两个历史事件是什么？指出中国近代革命的任务，以及孙中山认为能解中国"千年专制之毒"的解药。

达标测试题的设计应与这节课的学习内容紧密结合，分易、中、难三个层次。在新授课内容完成后，及时做当堂达标测试，检测当堂课的学习效果。

准备好的学习任务单，提前一周印刷，上课的前一天发给学生，学生依据课时任务单自主预习。

二、学习任务单在课堂中的使用

在教授《革命先行者孙中山》一课时，为了提高课堂学习效率，教师利用课件出示学习目标，让小组成员互相检查自主学习预习清单。教师巡视，检查学生预习清单的掌握情况，及时解决预习中存在的问题。

教师导入新课后，学生自主解答课堂探究问题清单上的问题，发挥小组合作学习的优势。学生被划分为 A1、A2，B1、B2，C1、C2 六个组。由 A1、A2 组探讨第一个问题：总结归纳孙中山早期革命活动的事迹。B1、B2 组探讨第二个问题：分析归纳三民主义与同盟会政治纲领的关系。C1、C2 组探讨第三个问题：辛亥革命的纲领阐发是为什么，其指导思想是什么。针对问题，两个组进行对抗赛，这样既能激发学生的积极性，又能节约时间，提高学习效率。在讨论过程中，教师先让小组成员自主思考，再让学生组内发言、讨论，得出结论后推选出代表发言。教师根据学生表现及时发放鼓励条，肯定学生自主学习的成果。学生从教师的表扬中获得成就感，增强了自信，激发了学习主动性。

课堂讨论十五分钟，学生发言五分钟，教师用六分钟时间让学生明确三个问题的具体答案，再给学生五分钟时间复习巩固。在此过程中，教师及时做出评价，鼓励学生踊跃发言。

教师课堂小结后，让学生在规定的时间内做完当堂达标测试清单。学生根据评分标准批阅清单，教师及时讲解学生困惑的问题。

依据学习任务单，小组开展合作学习，教师点拨、评价，发放鼓励条激发学生积极性，是现阶段我校推广"尚学"课堂的重要形式。一般来说，问题越具体学生的探究活动越容易深入，倘若探究的课题过于宽泛，学生的探究活动就会浮于表面，无法出成果。探究问题设计得越具体，学生在思考和回答的过程中就越有针对性，从而不容易出现偏离主题的现象。学习任务单的使用，让学生的学习任务具体明确、学习活动简便易行、学习效果显而易见。小组合作学习，体现了学生在学习中的主体地位，有利于激发学生的学习动机，发掘学生的潜力，实现优势互补，形成合力突破难点问题。合作学习中，学生有分工，集中每个人的优势形成集体的合力，从而解决疑难问题。合理使用鼓励条，为小组合作学习注入了强大动力。

三、学习任务单的进一步完善

学习任务单使用后，教师要进一步完善，使其更有实效性。如在上完《革命先行者孙中山》这节课后，教师发现学习任务单不够简洁，便进行第二次备课进一步补充。对"孙中山早期革命活动有哪些？"这一问题，用填空的形式比较简单明了地表示出来：

孙中山建立（　　　　）和（　　　　　　）两个政治团体，提出（　　），领导指挥在广州发动（　　　　　　）。

课后有许多学生问问题，如阅读课本材料：为什么孙中山能成为革命党公认的领袖？

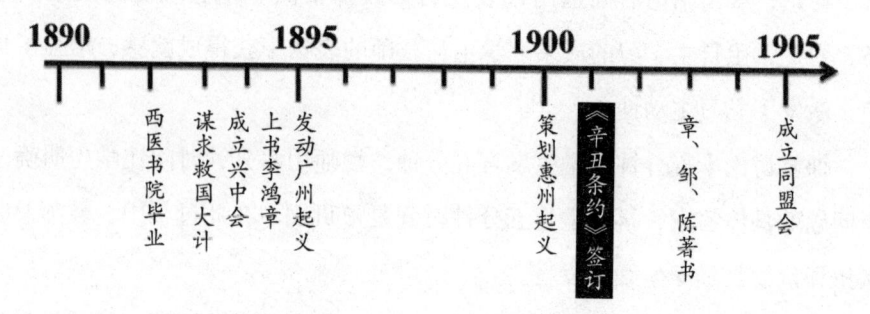

1890	1895	1900	1905
西医书院毕业	谋求救国大计 / 成立兴中会 / 上书李鸿章 / 发动广州起义	策划惠州起义 / 《辛丑条约》签订	章、邹、陈著书 / 成立同盟会

通过数轴演示孙中山能成为革命党公认的领袖的主要事迹得出：孙中山早年从"医人"转向"医国"，从要求改革到投身革命推翻清朝统治，成为民主革命的先行者。他在领导民族民主革命的伟大历程中，创建革命团体，建立政党，确立三民主义，发动武装起义。这一系列的活动，让他成为革命党公认的领袖。

四、结束语

课时任务单和小组合作应用于中学历史教学中,既可提升学生的历史学习能力,还可培养学生的团队协作精神,进而促进学生综合素质的全面提高。此外,小组合作可提高学生对历史知识的重视度,构建全面系统的知识体系。因此,中学历史教师应加大研究力度,正确认识学习任务单和小组合作的重要性,深入分析学习任务单和小组合作在中学历史教学中存在的问题,以全面提高中学历史课的教学质量。

【参考文献】

[1] 罗丽. 高中历史教学中小组合作学习的应用 [J]. 中国校外教育, 2015 (09): 115.

[2] 姚集文. 小组合作学习在中学历史教学中的应用思考 [J]. 神州, 2018 (08): 103.

[3] 曾峰斌. 新课改条件下高中历史教学创新研究 [J]. 学周刊, 2019 (21): 64.

运用多元激励性评价助推
学困生转化策略简谈

利津县汀罗镇第一中学　王　松

  关于对学生的评价，教育专家们常说的一句话是"要多一把尺子衡量学生"，讲的就是评价要多元化。我校在"尚学"思想引领下，十分重视学生自主管理，积极实行小组一体化建设。在小组评价制度化的同时，学校特别注重评价的全面性、过程性、表现性。我校改变了传统评价的单一性，特别重视对学生的表现性评价，并且重视过程，意在学生行为习惯的改善和品行的提高。学校为多元性评价搭建了广阔的舞台，同时也为班主任班级小组建设创设了自由空间。我校通过小组建设，对组内3号和4号成员实施多样化的激励性评价，探索出了一条推动学困生转化的有效路径。

  在班级建设的过程中，班主任有时会遇到学困生。他们在身体上并无缺陷且智力水平正常，受生理、心理、社会、学校和家庭等因素的影响，在学习习惯或学习方法上存在问题，学习成绩明显落后于其他同学，没能达到预期的学习目标。学困生的具体表现为行事乖张、课堂上经常开小差、不做课后作业、不求上进、自我放弃、厌恶学习。那么教师该如何转化学困生，给予他们支持呢？教育家第斯多惠曾说："教育的艺术不在于传授的本领，而在于激励、唤醒和鼓舞。"因此笔者尝试结合我校的小组建设与评价，运用多元的激励性评价助推学困生转化，并取得了良好的效果。

一、优化组织结构，强化小组意识

激励性评价并非新生事物，被理解为调动学生主体积极性的激励教育，古今中外都不乏认同者。教师运用表扬、奖励、评比、示范、引导等方式，让学生主动自觉地参与学习。

激励性评价又称肯定性评价，具体指充分发挥其内在与外在的激励机制和功能，激发被评者自我完善、自我发展的行为动机。传统的激励性评价，如老师的几句鼓舞人心的话语，固然能激发学生进一步努力的积极性，但是由于这样的激励性评价缺乏制度化的平台支撑，其教育效果是很有限的。只有当激励性评价与制度化的评价机制结合起来的时候，才能使其教育效果最优化。

在班级小组建设过程中，老师要综合衡量学生各方面的素质和水平，在根据男女生比例的基础上，遵循组内异质，组间同质的原则分配小组成员，并且要特别关注学困生的认知水平、爱好特长、性格特点等。老师对学困生了解得越多，就越能感受到他们内心需求的丰富性。在小组建设中，老师首先要为学困生找好助手，也就是选好他们的组长或副组长；对组长进行精心引导和培养，使其快速成为转化学困生的力量。

班里有位叫小辉（化名）的同学，是一个典型的习惯不良的学生。班规规定，不允许在教室内吃东西，但他明目张胆地当着老师的面吃火腿肠。看他平时的表现，也是常常说脏话。后来通过家长了解到，这个孩子在六年级以前，是一个在教室里根本坐不住的学生。知道这个信息后，我及时鼓励他："小辉，你能坚持在学校里学习，已经是一个奇迹了，我相信你会变得越来越好。"如果指望这么一句话就能改变他，那真是太天真了。事实确实如此，他是很顽固的。我对组长说，摊上这么一个组员也不能放弃他，并且要准备改变他。组长问，该怎么办？我说，很好办，盯住他，有情况随时汇报。

转化小辉，我一直在等待机会。有一次，组长向我报告了一个消息，说小辉在研学的园区里抽烟，有很多同学能做证。我想，绝佳的机会终于来了。七年级的学生竟然在公共场合抽烟，这是严重错误。我立刻把这件事告诉了小辉的家长，家长听后很生气。当我把想利用这件事作为转化小辉的机会的意图说明后，家长决定全力配合我。通过我们的共同努力，这件事过后，小辉老实多了，后来他成了小组内无论做事还是学习都很积极的学生。在学校表彰的进步学生中，小辉也是其中的一员。

小辉的转变给了我一个启示：转化学困生，关键在于抓好教育时机，同时运用好小组建设过程中形成的正确舆论，对其施以强大的压力，促其向好转变。作为班主任，我也要确立一个牢固的信念：相信学生具备向真善美自我转化的强大力量。

二、制定评价量规，强化表现意识

没有规矩，不成方圆。制度化评价需要制定规则，规则就是我们常说的评价标准。而量规的引入是对一些难以评价的表现性活动诸如学生实验、模型制作、思维导图的绘制等进行评价的有效方法。量规是对某一项活动的评价细则，在某项活动中，老师根据预先设定的标准，将学生的表现分出几个档次，每个档次对应不同数目的鼓励条。为激发学困生的积极性，在制定量规细则时，教师应有意识地向学困生倾斜。例如在回答问题时，学困生只要勇敢地回答问题，答案中有合理的成分，就可以得到一张鼓励条；如果回答正确，就可以得到两张鼓励条。再如在模型制作时，只要学困生能顺利地做出来，就要加倍鼓励。量规的制定注重了对学困生的表现性评价，调动了他们在学习活动中的积极性，优化了学习过程，增强了他们的成果意识。在教育教学中，面对积极性高的学生，只有当其突破原有水平时，才给予鼓励；而面对主动性差、积极性不高的后进生，当发现其有一点进步时就要及时给予肯定。

班里有一名叫小来（化名）的学生，是典型的学困生，他甚至不会写字。语文老师刘老师一边教会他写字，一边时时这样鼓励他："小来，对于作文，你只要写上一段话，无论写什么，就是成功。"结果在一次语文考试中，小来不仅写字了，而且作文还写了两段话。大家设身处地地想一想，一个不会写字的学生，能取得这样的进步，他得克服了多大的困难！在班级的评价量规中，我把小来这样有突出进步的学生列为有突出贡献的个人，奖励

2 颗星，即 10 张鼓励条，还颁发了证书和奖品。我用丰厚的收获激励他的主动性，小来同学的内驱力被调动起来了。

三、清点收获活动，明确努力方向

我校的小组建设为什么能形成制度，并且能运作得越来越好，原因很简单，就是坚持。有的事，坚持做一两天容易，但数年如一日地坚持就不容易了。只要坚持时间久了，慢慢习惯成自然，评价活动就会形成制度。

学校制定了将学生每周的评价结果上墙公示的制度，评选出每周的优胜小组及优胜个人。在此基础上，我在班内增加了每日的清点活动。每天在固定的时间，所有学生清点自己一天所得鼓励条的数目。这是学生一天中最兴奋的时刻，他们的脸上洋溢着收获的喜悦。同学之间不自觉地进行比较，这时候有的学生会比较沮丧。老师留给学生自我反省的时间，让他们梳理自己一天在纪律、卫生、学习以及学校秩序管理中的表现，想一想明天还可以在哪些方面努力，找到自己的生长点。

因为学困生在转化上比较困难，所以对他们的评价更应多做一些工作。针对学困生所得鼓励条偏少的问题，为激发他们表现的积极性，我在周评价汇总时，对平行小组的所有 3 号成员进行排序，评出前三名进行鼓励，对 4 号成员的评价也是如此。班内小康（化名）同学取得了较大的进步，与这种评价方式有直接的关系。小康同学在小学六年的学习生活中，没有得到过一张奖状，而在我校实施的多元评价的大平台上，他荣获过 3 次奖励证书。其中的一次奖励是月评价 3 号成员的冠军。现在，小康同学已经成长为一名品行优良、热心集体事务的好学生。

评价是一门大学问，我们对其的研究可以说才刚刚开始。在教学管理领域，老师对学生可能形成的学习成果，做好预判，并寻找其达成的路径。班级里的学困生，他们的内心世界是很脆弱的。在制度化评价平台的基础上，与学困生单独交流时，老师既要热情又要谨慎，灵活地使用自己手中的评价杠杆。在学习中，教师作为学困生的支持者，需要抓住时机，机智地介入，运用多元化的激励性评价，帮助他们在学习和班级生活中获得满足和快乐。

疫情背景下的乡村学校初中化学在线教学研究

利津县汀罗镇第一中学 崔元元

2020年初，新型冠状病毒肺炎疫情席卷全国，给全国人民的生活、工作和学习带来了严重的影响。2月份，教育部印发了《关于统筹做好教育系统新冠肺炎疫情防控和教育改革发展工作的通知》，提出各地和中小学要高度重视、认真做好"停课不停教、停课不停学"工作。全国中小学迅速做出反应，针对本地区、本学校、本学科的实际情况制定在线教学计划。而初中化学作为一门自然科学学科，本身兼具理论性和实践性，是日后学生深入学习高中化学的基础。本文以某地乡村初中学校为例，浅析基于疫情背景下的乡村学校初中化学在线教学状况。

一、疫情背景下的乡村学校初中化学在线教学现状

（一）疫情背景下的乡村学校初中化学在线教学模式

1. 课前预习

学生从八年级才开始接触化学知识。新学科知识对学生原有知识的冲击、进入初中高年级之后各学科内容难度的加深，对于学生们来说都是新的挑战。此时，良好预习习惯的养成就显得尤为重要。

学生课前预习的过程，是自己主动学习的过程。新课程改革中提到的学生观，实际上就是以学生为主、尊重学生的主体地位。在初中化学教学中，

教师安排学生课前预习。在预习的过程中，学生会认识到自己对知识的掌握程度，针对不会的知识点，及时查阅资料。同时，预习可以提高听课效率、开拓思路、培养独立思考能力、增强求知欲望。

为了引导学生养成良好的预习习惯，疫情期间教师运用智慧教学工具在课前布置预习任务，例如运用微信群、QQ 群等推送课程预习资料，根据课程内容安排不同的预习任务。

在自主预习时，教师注意引导学生使用"读、画、写、记"相结合的方法，阅读课本与圈画重点相结合，同时注意标记难以理解的知识点，课堂听课时可以有重点地听讲，另外在预习时就要简易理解重点概念和定义，并尽量记在脑中。在学生预习后，老师合理运用课时学习任务单对学生的预习效果进行检测，得到学生预习情况的反馈，以便掌握学情，为下一步的课堂教学奠定基础。

2. 课中学习

疫情期间在线教学时，由于采用网络授课模式，老师与学生无法面对面直接进行交流。而初中化学本身带有强烈的探究性，同时许多化学实验操作直接影响着学生化学思维的养成。因此，疫情期间的在线教学中，如何根据化学学科的特点进行教学设计就显得尤为重要。

初中化学是一门以实验为基础的学科。实验可以激发学生学习化学的兴趣，提高学生学习的积极性和主动性，有利于学生创新精神和创新能力的培养。但是疫情期间，由于教学环境的种种限制，学生并不能真正走进实验室进行实验操作。以酸碱中和反应为例，为了让学生真正看到实验现象的发生，教师提前在实验室录制实验过程，在线授课时将视频插入到课件里播放给学生看。而对于微观方面的知识，教师则利用小动画的形式，让学生通过动画观察到微观世界，理解反应的微观实质。

作为一门具有探究性质的学科，初中化学教学中学生的分组合作与讨论有着重要的意义。在线教学中，为了解决学生无法分组讨论的问题，教师充分利用智慧教学工具，例如钉钉，引导学生以小组为单位单独开启视频会议。每组的讨论都将教师邀请在内，教师分别进入不同的小组中，检查各组的讨论情况与效果。对于这种形式，学生刚开始感觉不适应，但逐渐适应之后，便会积极主动地发言，参与讨论。通过实践，我们发现学生的在线课堂参与度和学习效果都有不同程度的提高。

3. 课后复习

课堂上的教学效果需要课后复习来巩固提升。在线教学期间，教师无法对学生进行面对面批阅作业。课后作业的形式也影响着学生的完成度，进而影响着课堂效果。

疫情期间的在线教学中，为了提高学生的作业完成度及完成质量，教师们尽量采用各式各样的课后作业形式。例如在学完一个单元的知识后，教师让学生根据本单元内容绘制出思维导图，引导学生形成自己独特的知识框架；或者让学生在课下进行小组讨论讲解试题，将讨论的过程录制下来，并发送给老师。老师通过观看视频更加直观地找出学生存在的问题，以便对症下药处理问题。另外，在录制过程中或多或少会出现技术问题，这样也可以锻炼学生分析问题、解决问题的能力。

另外，在线教学也为教师分层次布置作业提供了更大的可能性。每个孩子的基础与理解能力都存在差异，老师针对学生的不同特点布置不同层次的课后任务，也更加有利于学生的成长。

(二) 疫情背景下的乡村学校初中化学在线教学出现的问题

1. 计算机基础应用知识缺乏

学校部分教师对于网络在线授课的软件及操作并不熟练，导致授课时出现卡顿、噪音、不能及时接收学生信息等问题。除此之外，乡村学校受种种条件的限制，在线教学前期出现网络不畅通、学生操作不熟练等现象。同时，乡村学校的大多数学生使用手机听课。由于手机屏幕过小，学生长时间盯着屏幕，严重损害了视力。

2. 线上线下思维转换慢，教学评价单一

在线教学初期，教师和学生适应较慢。教师照搬线下的教学方法，缺乏就教学效果及时的反馈，导致教师无法根据学情及时调整教学方案。同时，在线教学限制了教师对学生的评价，部分教师的评价方式单一且不够灵活，对教学效果产生了负面影响。

3. 学生学习主动性和自律性较差

乡村学校的学生学习主动性和自律性较差，再加上父母的监管力度也不够，使得学生分层情况越来越严重。自律性好的学生与自律性差的学生逐渐出现较大的差异。

二、疫情背景下的乡村学校初中化学在线教学优化策略

（一）加强乡村教师计算机基础知识培养力度，增强乡村学生计算机操作能力

为了应对不时的突发状况，顺应时代发展潮流，要加强乡村教师的计算机基础知识培养力度。教师不仅要掌握查阅资料的能力，还要熟练使用基本的学习软件，例如制作微课等。另外，也要增强乡村学生的计算机操作能力，引导学生通过网络获取更广阔、更全面的知识，拓宽自己的知识面。

（二）实现混合式教学，增加过程性评价

要将传统教学模式与线上教学有机结合，既要做好线上教学与线下教学的有效衔接，又要将传统教学模式与线上教学相互渗透、相互结合。教师提前获取优质的教学资源，针对学生的学情进行有效整合，提高课堂效率。同时教师要避免评价模式"一刀切"的弊端，在教学中穿插过程性评价，由单纯关注学生成绩转变到关注学生的参与度、团结协作能力及思考探究能力上来，及时发现并发掘学生不同方面的闪光点，促进学生的全面发展。

（三）培养学生的自主学习能力，改变学生的学习习惯

网络时代的到来，为学生提供了更多主动学习的机会。而网络是一把双刃剑，需要合理科学地使用才能发挥其重要作用。老师需要引导学生主动学习和接受新知识，培养学生团结协作的意识和质疑与探索的精神。

三、结语

新冠肺炎疫情的到来，让全国教师开始尝试新的教学模式。让乡村学校的孩子们接受全面的知识、拥有开拓的知识面也成为乡村教师们不懈追求的目标。作为初中化学教师，在今后的教学工作中我也必将充分发挥学生的主体地位，提高学生的学习主动性，增强学生的创新精神和创新能力，让他们也能看见更广阔的世界。

【参考文献】

[1] 陈吉哲. 信息技术与初中化学课程整合中课堂教学设计的研究 [D]. 呼和浩特：内蒙古师范大学，2012.

[2] 沙清. 新课标背景下初中化学课堂教学设计研究 [D]. 大连：辽宁师范大学，2010.

[3] 龚国祥. 网络环境下中学化学课堂教学设计 [D]. 南京：南京师范大学，2005.

"尚学"高效和谐课堂设计
——汀罗一中初中物理习题课教学模式

利津县汀罗镇第一中学　盖东岭

一、设计理念

习题课作为物理学科教学的一个重要环节,不仅可以帮助学生巩固、活化、深化所学知识,而且高效的习题教学在培养学生思维品质、提高学生分析问题的能力、帮助教师了解教学效果等方面有着不可替代的作用。

(一) 皮亚杰的认知理论

皮亚杰的认知理论认为,学生学习的过程包含着认知结构的形成与改造,认知结构的发展是一种形如"平衡—不平衡—平衡"的动态过程。学生在掌握了一定的物理知识后处于一种相对平衡的认知结构;由于学生学习了新的物理理论而破坏原有的平衡状态,出现不平衡;经过学生的习题训练,应用物理理论去解决实际问题,从而获得反馈信息,创立新的认知结构,再次达到了平衡。

(二) 建构主义理论

建构主义的学习理论认为:学习是学生建构自己的知识的过程。学生是意义的主动建构者,学习的过程是通过高级思维活动来解决问题的过程,即通过解决问题来学习。这就要求学生在获得已有知识的基础上不断思考,灵活运用知识解释新现象、想出好办法,形成解决各种问题的程序,使已有知识系统化、网络化，并同化到已有认知结构中，形成比较完整的认知结构。

（三）信息加工理论

信息加工理论认为：学生在学习中不是被动的知识接受者，而是积极的信息加工者。物理习题课不仅是让学生学会解题模式，而且是让学生在探究物理问题的过程中，学会如何根据提供的信息，通过自身的加工处理，不断提高能力。

二、设计原则

（一）基础性原则

强调物理基础知识的复习、基本技能的训练和基本方法的运用。夯实基础，才能提高物理学习的整体效益。对基础知识的复习要全面、系统，对基本技能的训练要扎实、稳固，对基本方法的运用要熟练、灵活。

（二）针对性原则

依据新课标及学生掌握知识的情况，有的放矢。寻找学生知识的缺漏处和能力的薄弱点，有针对性地选择、确定重点内容，集中时间和精力查漏补缺。

（三）自主性原则

要充分体现学生的主体地位，发挥学生的自主性，让学生积极、主动参与课堂的全过程，特别是要让他们参与题目的解答及归纳思路、整理方法的过程。充分调动学生学习的积极性和主动性，激发其学习兴趣。

（四）发展性原则

通过题目训练，使学生在原有物理知识的基础上提高、发展，向外延伸拓宽，而且解题方法要熟练灵活，有利于学生创新。要加强对学生解题策略与方法的指导，提高学生运用物理知识解决实际问题的能力。

三、主要功能

习题课的主要任务是配合课堂教学，帮助学生进一步理解物理基本概念和基本规律，培养学生独立分析问题、解决问题的能力。习题课对学生思维能力的培养及知识的巩固具有重要作用。它主要具有以下功能：

（一）巩固强化的功能

学生在新授课中初步学习了物理概念和规律，但在理解上往往是表面的、孤立的，并不会用这些知识去解决新的问题。习题课帮助学生从不同侧面、不同角度完善对概念、规律的理解和内化，能防止认识上的片面性。

（二）活化拓展的功能

适当难度综合题的练习，有助于学生活化知识。由于综合题涉及的过程多且复杂，因此要求学生必须灵活运用相关概念和规律，从而使平时所学的知识融会贯通。同时，习题背景知识和实际材料的大量结合，也能帮助学生拓宽视野、扩大知识面。

（三）理解物理量之间关系的功能

物理规律包含物理定律、定理、公式。物理公式是物理定律和定理的数学表现形式。通过物理公式建立物理量之间的联系，而物理习题一般就是要以物理规律为指导，运用数学工具来解决具体问题。因此习题的训练，能使学生进一步理解物理量之间的关系，了解物理现象间的内在联系。

（四）教学反馈的功能

通过学生解答习题，教师可以及时了解教学效果。教师为确保教学过程的顺利进行，就要及时了解学生对教学重点和难点的掌握情况，这单纯靠教师在课堂上的"察言观色"和简单的提问是远远不够的，必须通过学生对具体物理练习题的解答，才能真正暴露出存在的问题。教师只有适时地捕捉教学信息，准确地抓住学生学习中问题的症结，才能对症下药，及时采取有效措施进行教学上的补救，为进一步教学活动铺平道路。

四、基本教学模式

出示目标 自主回顾 → 例题导练 合作交流 → 抓住典型 归纳提炼 → 练习达标 拓展提高 → 反馈评价 反思升华

（一）出示目标，自主回顾

上课时，教师首先出示本节课的学习目标，使学生明了本节课将运用什么知识来解决什么问题，重点要学会哪些方法等。学习目标的设计要简明扼要，要从学生的角度阐述通过本节课学习最终达到的目标。然后教师要求学生复习与本节课有关的知识（最好能简化成易于掌握的条文），可列成图表，也可写成文字或公式，便于学生记忆。该环节要改变教师满堂灌的授课方式、改变学生被动学习的学习方式，真正体现学生的主体地位，做到以学生为中心。

（二）例题导练，合作交流

在复习回顾的基础上，学生进行知识点的典型训练。在训练过程中要体现小组内的合作与交流，教师巡视引导，发现小组学习过程中学生存在的问题。课堂练习和师生互动让学生进一步加深对所学知识的理解和应用，逐步厘清思路，探讨解题方法。这个环节要充分体现学生的自主合作学习，设法让学生充分体验、交流、讨论，老师仅仅是指导者、引领者，切记不要越俎代庖。

教师在设计习题时要有针对性，针对重点、难点及学生的易错点；注意知识的整合性及层次性，让学生逐步完善知识结构；选择能体现"通性通法"，即包含基本物理规律的题目，让学生体验成功感；要注重典型性及题目的变式，开阔学生的视野，培养他们的创新能力；要注意有计划地渗透综合应用题，提高综合解题能力。

（三）抓住典型，归纳提炼

教师针对本节课的重点及学生存在的疑难问题，抓好典型，师生共同分析、讨论、质疑和解决，找准切入点，进行方法指导，提炼解题思路，培养学生分析、解决问题的能力。

老师也可将巡视中发现的问题列出，引导学生分析和纠错；最后再由老师做总结性点评，对于学生没讲透或者是需要升华的地方进行精讲，引导学生提炼出解题的一般步骤和方法。

此环节重在解法的强化、规律的总结、认知结构的完善等。

（四）练习达标，拓展提高

教师要根据本节课的学习目标、重难点及有代表性的共性题设计相应的课堂检测。以练促思，以练促改，练中悟法。课堂检测不仅训练学生的解题思路，提高解题能力，而且兼顾解题规范化训练。该环节旨在让学生通过独立完成课堂检测进一步加深对知识的理解，进一步巩固所学的解题步骤和方法，以期能达到熟练掌握知识、提升能力的效果。

（五）反馈评价，反思升华

通过学生的达标检测，教师可以了解各个层面的学生对知识的掌握情况，获得反馈信息，从而有的放矢地调控教学，及时进行矫正补救。只有不断地反馈矫正，才能把握整个教学过程，及时发现存在的问题，从而调整教学结构、改进教学方法，对知识进行反思升华，保证教学任务的顺利完成。

五、习题课教学中应注意的几个问题

（一）习题课教学应重视物理基础知识与技能

目前，学生中存在这样一个问题——"会"而不对，"对"而不全，这是对基础知识掌握不牢的表现。习题课的目标之一就是要通过解题来强化对某一知识点的深入理解，解答习题的过程是对已学知识复习和创新的过程。因此，在出示习题之前，先回顾并列举相关知识点就非常必要，并且要在黑板的某一角落保留下来。这样既帮助学生清楚本节课的重点，又对学生分析问题有一定的提示作用。

（二）习题课要发挥学生的主体作用和教师的主导作用

新课标要求教师必须尊重学生的主体地位和主动精神，把学生的学习过程看作是主体满足内在需求的主动探讨过程。在习题课教学中，教师一定要改变"一言堂""满堂灌"的习惯，要创设更多的机会让学生动脑、动手、动口，留给学生充分的思维空间，让他们在主动探讨中解决问题。教师的主

导作用主要体现在指点和引路两方面：一是指点，学生在解题过程中遇到障碍时，教师应抓住时机，及时予以指导；二是引路，对于难度较大的综合题，教师应采用降低梯度、分设疑点的方法，突出解题思路，把学生引上正确的轨道。

（三）习题课要重视习题的选择

在掌握物理定律和公式的基础上，进一步提高学生的思维能力和解题能力是习题课的核心任务。要达到这个目的，教师对习题的选择是关键。教师出示的题目应该是精选精编的题目，应具有针对性、典型性和灵活性，既能针对教学的重点、难点和考点，又能从情境、设问、立意等方面做多种变化，从不同角度使学生对知识有更深入的理解。

（四）习题课教学的方法要多样化

习题课教学知识密度大、题型多，学生容易疲劳。如果教学组织形式单一化，学生会感到枯燥、乏味，这样容易打击学习的积极性。为了克服这一问题，教师在教学中一定要运用多样化的教学方法。教师要鼓励学生发言，让学生讲出思路或提出疑问，同时将讲、练、思三者有机地结合起来，创造条件让学生多动口、多动手、多动脑，激发学生全方位参与问题的解决，提高课堂教学的效率和质量。

"尚学"课堂中学习小组组长培养策略

利津县汀罗镇第一中学　刘宪江

小组合作学习是课堂教学中充分发挥学生主体作用的一种有效学习方法，也是"尚学"课堂中引导学生主动学习的重要途径。小组合作学习可以提高单位时间中学生交往、表达的频率，优势互补，有利于培养探究意识和合作精神，也有利于学生口语交际能力和解决问题能力的发展。中国有句老话：火车跑得快，全靠车头带。要想让小组学习见成效、每个学生都有收获，必须要有一个优秀的组织者、领导者和协调者。因此，我们要培养好小组长，发挥好小组长的作用。

一、日常的小组管理

老师是课堂的组织管理者，小组长就是小组的组织管理者，怎么培养小组长当好"小老师"呢？

（一）保证组员的听课效率

小组长要提醒组员上课时认真听讲、思考时投入思索、交流时积极发言、回答问题时踊跃参与。小组长把握好以下几点原则：上课睡觉的现象不能出现在小组内，老师讲课时做小动作的现象不能出现在小组内，老师提问时默不作声的现象不能出现在小组内，讨论时大声说话的现象不能出现在小组内，交流时谈论与学习内容无关话题的现象不能出现在小组内。小组长按学习提纲把任务分到个人（或对子），学习基础差一点的同学，可以分容易一点的题目（最好是能从课本直接找到答案的）。本组学生不能出现问而不答的情况，当回答不完整时，本组其他学生要立即补充完善。老师在的时候，小组长是老师的得力助手；老师不在的时候，小组长更要组织管理好本组成员。

（二）管理本小组的课堂纪律

小组长保证本组没有上课睡觉的、乱讲话的、乱走动的、不翻开课本的、不学习的同学。如果哪个组出了问题，老师就和小组长谈；比一比哪个小组长对小组成员管理得好。

（三）督促小组成员完成作业

组员做作业遇到困难时，组长要及时提供帮助，但不要让本组成员抄袭作业。小组长督促小组成员改正作业错误，督促时要讲方法、讲策略，不能谩骂、侮辱小组成员。

（四）明确帮扶对象

小组长带头帮助学习成绩不好的同学，与成绩落后的同学交朋友，在组内形成互帮互助的良好学习氛围。

（五）协助班主任、任课老师做好其他教学工作

小组长还要协助老师做好其他教学工作，如督促同学预习、检查作业、分发试卷等；同时，根据本小组同学的表现做出评价，并记录统计。

二、如何发挥小组长的作用

（一）组织

小组长要发挥组织的作用：组织小组成员取好小组名称，提出小组活动口号，制定小组学习计划、奋斗目标、小组学习奖励条例、小组活动章程等；组织小组成员讨论制定小组相关职责，设计出小组工作轮流安排表；定期组织小组成员会议，总结分析本小组学习等情况，讨论提出改进办法，并提请老师对本小组工作做指导；组织小组学期或阶段工作总结（包括学习态

度、作业情况、成绩考核情况、建议、打算等），以书面形式上报给教师。

（二）协调

小组长要学会做好组员的思想工作。小组长要协调好组内成员之间的关系，求大同、存小异；要充分发挥本组成员的特长与聪明才智，调动其积极性，形成小组合力。小组长要发挥在教师与小组成员之间的桥梁作用，沟通、协调师生关系；协调并处理好本组成员与其他小组成员的矛盾纠纷，学会借助外部资源（如教师、其他小组长、班干部），主动与其他小组长一道控制矛盾的激化，化"干戈"为"玉帛"，协助教师建构和谐文明的合作型班级；主动处理好与其他小组长之间的关系，积极组织参与同本班其他小组之间的和谐竞争，营造"比、学、赶、帮、超"的良好氛围。

（三）示范

小组长与每一个组员之间是平等互助的伙伴关系，不要有可以享受"特权"的想法，不能因为自己是小组长就可以免去或减少组内日常工作。小组内的各项制度，小组长首先要遵守；小组内的各项任务，小组长首先要保质保量地完成。班级或学校组织的各项活动，小组长要带好头并发动组员积极参加，时时处处带头维护班级和学校荣誉。小组长要时时处处起到榜样的作用，做好示范。

（四）监辅

小组长要组织组内成员相互监督各项制度的遵守情况和各项作业的完成情况，组织组内帮扶辅导、互帮互助。小组长要督促同伴改正错误，帮助同伴完成老师布置的各项任务，督促完成作业不积极的同学按时完成作业，协助老师做好辅导工作。

（五）反馈

小组长要定期检查或随时抽查小组同伴的学习情况，做好记录，及时向大组长、教师汇报本组成员在学习和思想等方面的情况，主动向教师了解本小组成员的学习等情况或工作建议。小组长要把老师布置的任务或小组长工

111

作会议精神准确及时地反馈给小组成员，并组织小组成员开始实施。

（六）帮扶

特别是每个学习任务单发下来后，小组长要做到：（1）明确任务；（2）合理分工；（3）开展组内讨论；（4）检查任务的完成程度；（5）落实展示的人员和内容。这一系列内容的实施得依靠小组长来完成。另外，教师定期召开各小组长的培训会议，倾听小组长的意见，正面引导小组长，为小组长解决工作中的疑难。

（七）协助

小组长要维持小组活动纪律，维持好小组课内外活动的正常秩序，协助教师做好小组活动的安全防范等工作。小组长要协助教师完成一些力所能及的日常工作，如要帮助老师收发作业、组织读背课文与公式等。

上述方法和策略会使每位小组长明确自己的职责，进一步增强责任意识，提高学习能力。在他们的带领下，每个组员也会积极努力，奋力赶超，共同进步，从而使每位学生成为更好的自己，师生共享教育幸福。

百舸争流千帆进　众人划桨开大船
——音乐课小组合作学习之我见

利津县汀罗镇第一中学　吴宗慧

随着素质教育、课程改革及创新教育的不断深入，小组合作学习已被越来越多的学校运用到课堂教学中来。近年来，在校领导的带领下，我们也一直在努力尝试探究，并提出"尚学"课堂教学改革目标，建立小组建设及评价方案。我们音乐学科也积极响应学校号召，在小组合作学习方面积极尝试。如何在音乐课堂中践行小组合作学习？怎样才能使小组合作学习向"尚学"课堂迈进？经过实践，我从以下几个方面进行分析和探讨：

一、音乐课小组合作学习提出的背景

《全日制义务教育音乐课程标准（实验稿）》明确指出："音乐在许多情况下是群体性的活动，如齐唱、齐奏、合唱、合奏、重唱、重奏以及歌舞表演等，这种相互配合的群体音乐活动，同时也是一种以音乐为纽带进行的人际交流，它有助于养成学生共同参与的群体意识和相互尊重的合作精神。"这是社会交往价值在音乐课程标准中的体现，要想更好地实现这一价值，最行之有效的方法就是在课堂教学中采用小组合作学习。

随着音乐课程改革的不断深入，自主、合作、探究学习正在逐步成为音乐课堂教学模式的主体，成为音乐教学改革的一个重要标志。尤其是以小组的方式来进行合作学习，正被越来越多地运用于音乐课堂教学中。合作学习是当今学生学习的重要方式之一。在合作学习中，学生们不是形式上的一起学习，而是小组成员共同积极地、互动地、互助地学习。合作学习不但使学生取长补短、集体钻研、共同进步，而且最大限度地培养了学生的合作意识和合作能力。奥尔夫曾说过："让孩子在合作中共同实践、一起去创造音乐是十分有意义的。"

二、音乐课小组合作学习中的常见问题

通过多年的实际教学，我发现虽然有些小组合作学习看似红红火火、热热闹闹，但存在"注重形式，忽视实质，缺乏实效"的现象。

（一）小组合作学习盲目进行

有的教师盲目地在教学中采用小组合作学习是不利于音乐教学的。对于一些简单的知识点，学生自己思考就可以解决，或是教师适时点拨也可以明了，就不必再让学生小组合作探究学习。再如有的教师一节课多次用到小组合作的学习方式，无论什么问题，总是一句话："小组讨论一下吧。"然后热火朝天地一番讨论后，教师再请几位学生发表一下观点。不管什么问题，教师频繁地让学生讨论是没有意义的，这样下去，合作学习只会成为走过场。

（二）小组合作学习流于形式

在课堂教学实践中，往往存在小组合作学习的时间远远不够用的情况。有时候学生才刚分配好角色还没有开始讨论，或是学生正兴致勃勃地讨论，教师考虑到教学时间有限等问题，就结束了学生的合作学习。如果时间不充足，学生便不能充分地参与讨论、探究，那么这样的学习活动也是低效的，还打击了他们合作学习的积极性。

（三）小组合作学习课堂秩序难控

有的教师深知小组合作学习能促使音乐教育功效的最大发挥，却不敢或不愿意在自己的课堂上实践，因为能力不足，很难控制课堂秩序。在音乐课堂教学中，小组合作学习的开展有时会使课堂秩序近乎失控，出现看似热闹实则混乱的局面，这样的合作学习也是没有意义的。

三、如何在音乐课中践行小组合作学习

（一）充分发挥小组长的作用，使其带动小组共同发展

小组长在一个小组中起重要的作用，那么对他们的培训就尤为重要。在课下，教师要给予小组长们充分的赏识，使他们能够自信地在小组中做好管理者。另外，教师要通过培训，教小组长运用各种方法调动组员的积极性，使小组成员之间互相团结，共同进步。

通过一系列的培训，在音乐课上小组长的作用发挥得特别好。在小组长的带领下，每个学生都在为自己小组的展示积极地做着准备。从他们有序的展示中可以看出同学们课前预习十分充分，合作学习十分默契，小组长起到了重要的作用。

（二）充分利用学习小组，使学生主动参与学习过程

学习小组是学生合作的基本单位，小组成员们通过合作交流、深入探究共同完成学习任务。首先，老师要了解学情，合理划分小组，把个性不同、情感各异、知识水平有别的学生分为几个实力相当的小组。小组的组成让学生有了归属感，学习起来更加积极主动。其次，老师通过积分式评价调动学生学习的兴趣，激发学生参与的热情。

如：音乐课中接触到一首较有难度的旋律，通过教学，学生初步掌握之后，教师让同学们在小组内自由练习，然后每组选出一名唱得最好的同学代表小组上台演唱。同时，小组内的其他同学也要接受其他小组的监督，由其他小组任意点组内的一名同学起来演唱，唱出来的可获得鼓励条。这样，小组成员就会齐心协力，争取都把旋律唱好，给小组加分。类似这种组与组之间的对抗比赛，不仅调动了全体同学的积极性，而且增强了集体荣誉感，使原来的被动学习转变为主动学习。

（三）充分利用合作时机，攻破音乐学习难点

音乐课堂教学应当兼顾教学的个体性与集体性特征，应当把个别化与人际互动有机地结合在一起。因此，在开展小组合作学习时，教师应把握时

机，激励更多的学生参与到合作学习中来，同时为学生创造更多的合作机会。

把握好合作时机是提高音乐课堂小组合作学习效率的良好途径。合作的价值就在于通过合作实现学生间的优势互补，因此，教师要合理选择合作的时机。合作要适时，一般可放在以下几个环节处开展：

1. 当学生独立思考后，开展小组合作学习

教师应鼓励学生先独立思考，等有了自己的想法后再参与讨论。这样，才能培养学生独立思考的好习惯，才能达到合作学习的最佳效果。

2. 在得出规律性的结论之前，开展小组合作学习

如欣赏了《歌唱祖国》后，教师可让学生以小组为单位进行讨论，最终体会爱国主义情怀。

3. 回答开放性问题时，开展小组合作学习

当问题有多种答案或多种表现方式时，教师可引导学生开展小组合作学习，如在学唱了一首歌曲之后，让学生采用角色扮演法进行表演。这时的合作表演能让每个同学相互交流、相互学习、相互促进，发挥小组学习的积极性。

四、如何使小组合作学习向"尚学"课堂迈进

（一）在感受与鉴赏中迈向"尚学"课堂

音乐是声音的艺术，聆听是音乐教学的手段之一。良好的音乐感受能力与鉴赏能力的形成，对于丰富情感、提高文化素养，增进身心健康具有重要意义。由于音乐的不确定性，每个孩子对音乐的感受都不一样。许多孩子在欣赏音乐时情感的体验比较单一，想象力不够丰富。合作欣赏音乐，能使孩子更好地体验音乐的情绪与内容，在体验与交流中，孩子对音乐内容的想象越来越丰富，从而达到我校"尚学"课堂第一阶段的效果。

（二）在演唱中迈向"尚学"课堂

演唱是音乐教学中非常重要的教学手段。无论是齐唱、合唱还是轮唱，

都需要演唱者积极地合作，否则就不能精彩地呈现整个音乐作品。

学生在演唱歌曲时，很容易喊唱，而且还面无表情。要唱出整齐而优美的歌声，首先要让自己的大脑、耳朵、气息、眼睛、眉毛积极地配合；其次听自己的歌声和其他同学的歌声，是否和谐一致。再就是在学会歌曲之后，分小组练唱并表演，要求演唱时声音整齐，表演时动作一致，在歌声和表演中都要体现出幸福、快乐、团结等因素，达到我校"尚学"课堂第二阶段的效果。

（三）在音乐创编活动中迈向"尚学"课堂

萧伯纳曾说过："倘若你有一种思想，我也有一种思想，而我们彼此交换这些思想，我们每人将有两种思想，甚至多于两种思想。"小组合作学习不仅发挥了学生的学习主动性，而且增进了学生彼此间的了解，让他们在互助互学中集思广益、取长补短，达到我校"尚学"课堂第三阶段的效果。

【参考文献】

［1］曹静．初中音乐课堂合作学习教学方式探析［J］．当代教研论丛，2014（12）：98．

［2］陈超英．谈中小学音乐小组合作学习——存在问题及解决方法［J］．教育教学论坛，2015（13）：220-221．

［3］姚佳．浅谈小组合作学习在音乐教学中的运用［J］．雪莲，2015（29）：110．

［4］杨建国．小组合作学习在音乐课堂教学中的运用［J］．新教育时代电子杂志（学生版），2019（44）：0214．

赏识教育在体育课中的运用

利津县汀罗镇第一中学 张宝锁

中国传统教育讲求"严师出高徒",但现在越来越多的教师意识到鼓励对于学生学习兴趣的激发和能力的培养具有重要意义。赏识教育被越来越广泛地应用于中学体育教学中,受到广大师生的认可。

成功和自信的获得是学生发展兴趣的关键。在教学过程中,设置合理的目标非常关键。目标过高,大多数学生完成不了,也没有很高的学习兴趣;目标过低,又缺乏挑战性,难以调动学生的主观能动性、激发学生学习的欲望。因此,在教学时教师要针对学生的个体特点和身体锻炼水平制定合理的教学目标,即遵循"跳一跳,摘个桃"的原则。

体育教学是门艺术。上好一堂体育课不只需要严明的纪律,还需要建立和谐、平等、民主的教学环境。教师要尊重、爱护每一位学生,建立良好的师生关系;要提高自己的教学艺术,不断改进教学方法;要用赏识的眼光关注学生,让学生体验成功的喜悦;引导学生在竞争中学会合作。教育心理学的研究表明,教师在教学过程中的每一处细节,如一个表情,一句话等都直接影响着课堂气氛。为推行和谐的课堂管理,体育教师与学生共同努力营造和谐轻松的课堂气氛,顺利完成体育教学任务。

一、明确纪律与课堂管理的要求

(一) 建立和执行必要的体育课堂教学常规

为了让学生较好地配合体育教师参与体育学习活动,在教学之初,体育教师就明确宣布允许做的和不允许做的行为要求，但这样做效果往往不是很好。为了维持良好的课堂教学秩序，体育教师要狠抓常规执行，让学生逐渐适应并形成习惯，但应有更多的灵活性，多进行换位思考，引导学生自我规范。

（二）及时妥善地处理违纪行为

当学生在学习过程中出现违纪行为时，教师必须迅速做出反应并及时处理。一般来讲，如果一个学生只是消极地完成学习任务，教师不必立即公开处理，可采用沉默、皱眉、走近等方法处理。如果一个学生的违纪行为已明显干扰整个教学过程，教师必须立即处理，并根据情况采取提示、制止、惩罚的方法。如果一个学生只是为了吸引教师的注意而出现违纪行为，教师可以不予理睬。总之，在处理违纪行为时，教师尽量不要中断教学的正常进行，尤其是不要频繁地中断。

（三）正确运用奖励与惩罚

奖励与惩罚是维持纪律的重要手段。奖励积极性的行为是维持纪律最有效的方法之一。俗话说："罚其千百，不如奖其一二。"当学生的积极性行为得到奖励后，这种行为将得到巩固与强化。体育课中的奖励方式通常是非物质性的，如口头赞扬"你终于成功了""你真了不起""大家看，××同学做得太好了"，或给一个满意的、赞许的目光和微笑。为了维持纪律，一定的惩罚也是必要的。惩罚是教师有意识让学生经受不愉快的体验，以影响和改变学生行为的一种手段。惩罚的目的是制止或阻止违纪行为的发生和重现。在体育教学中，惩罚的方式有两种：一是挫折型，即暂时中止违纪学生参加体育学习活动的权利；二是否定型，即当众批评教训，课后留下来罚做少量俯卧撑或跑步等。在惩罚时，教师必须让学生明白，惩罚的是违纪行为而不是人，一般情况下不进行集体惩罚。

二、体育教学形式分析

（一）情境式

情境教学是一种符合中学生年龄特点的教学方法。在体育教学中，不同的"依赖情境"对学生所产生的情感影响是不同的,例如在耐力跑的教学中可采用"象征性"长跑、"蛇形跑"、"8字形跑"等,在投掷的教学中可以创设军事性游戏,在垫上技巧性教学中可以把垫子摆成不同的图形。不同的情境可以调动学生学习的积极性和主动性,使他们在和谐的气氛中学得愉快、练得高兴。

（二）竞赛式

中学生自我表现的欲望强烈,他们争强好胜,渴望成功,非常喜欢具有竞赛性的活动。而体育运动本身具有很强的竞争性,正好符合他们的心理特点。在教学中,教师可以采用多种形式的竞赛来组织教学,如接力赛、三人制或五人制的篮球赛等。在比赛中,学生与学生之间达成和睦一致的团队精神,既加强了友谊,又促进了学生之间的相互配合。这对他们有较强的激励作用,能提高其学习热情和学习兴趣,促使他们积极主动地参加体育锻炼。

（三）游戏式

游戏是中学生非常喜爱的活动。在饶有兴趣的游戏中,体育教学往往能够取得事半功倍的教学效果。

（四）电教式

电教媒体应用于体育教学中,可为学生提供丰富形象的直观画面,激发他们的学习兴趣,提高体育教学效果。例如在基础知识的教学中,教师运用幻灯、录像等电教媒体,可以避免单调的说教,丰富教学形式。

三、体育教学中应注意的问题

（一）快乐与严格

在体育教学中实施"和谐式"课堂教学,并不是让学生没有任何负担地尽情玩耍,而是要严格地以体育教学大纲为本、以教材为基础,充分挖掘教学内容中的"和谐"因素。

（二）快乐与兴趣

"和谐式"体育教学中,兴趣是激发学生学习的内在动力。因此,教师在教学中要激发学生学习的内在动力,首先要培养学生的兴趣。有了兴趣,课堂才能更加和谐、更加高效。

(三) 快乐与刻苦

倡导"和谐式"教学,并不是否定刻苦锻炼。教师对此要正确引导学生,使他们明白只有通过刻苦锻炼,才能真正提高能力,体验到学习的乐趣。

和谐的体育课堂是提高体育教学质量的根本。教师只有构建起和谐的体育课堂,才能更好地提高学生的运动兴趣,为其终身体育打下坚实基础。教师在教学管理中的主要任务就是积极协调教学过程中的各种矛盾,对教学活动实行有效的控制,充分调动学生学习的积极性和自觉性,以利于培养有理想、有道德、有文化、有纪律、有体质的一代新人。

总之,实施素质教育,教师是重要元素,"师爱之心"占有很重的分量。实践表明,只要老师心中有学生、爱学生,时时处处从学生实际出发,尊重学生人格,学生就会从中受到启发,感悟师爱,更加尊重老师、热爱课堂。

一堂成功的体育课需要具备良好的校园环境、良好的师德师风、精湛的教学技术、和谐的师生关系等因素。另外,教师要因材施教,根据教学内容、学生状况选择适当的教学方法,用自己独特的教学风格调动学生的积极性,并及时做好课后小结,积极改进教法,进一步提高体育教学效果,方能达到教学相长。

【参考文献】

[1] 苏霍姆林斯基. 给教师的建议 [M]. 北京:教育科学出版社,1984.

[2] 毕淑芝,王义高. 当代外国教育思想研究 [M]. 北京:人民教育出版社,1993.

对留守儿童家园教育问题的思考

利津县汀罗镇中心幼儿园　陈金枝

近年来,随着农业产业结构的调整、城市化进程的加快,人口流动日益频繁,大批农村劳动者离开家乡,进城从事二、三产业。他们的子女大多被留在家乡,从而产生了一个特殊群体——农村留守儿童。很多研究者指出留守儿童因为感情缺失和教育的缺陷,无法享受正常的亲情关爱,从而严重影响了身心的健康发展。农村留守儿童就像乡间的小草一样,在复杂的社会环境中自生自长着。如何做好农村留守儿童的家园教育,已成为一项系统性的工程。幼儿教育需要我们老师与家长紧密配合、共同努力。

一、农村留守儿童家园教育中存在的问题

(一) 教育方式存在一定问题

幼儿的教育应该是"社会、家庭及幼儿园"三位一体的教育模式。国家的政策逐步完善,幼儿园严格执行3—6岁幼儿教育指南方针。目前,在家庭配合教育这个环节出现了问题。受传统思想的影响,老人认为幼儿的教育是幼儿园的事情,家庭不需要参与。另外,幼儿园的一些教育方式也得不到他们的认可。

(二) 缺少父母的陪伴与关爱

留守儿童在年龄幼小时就离开了父母,严重缺失父母关爱,久而久之变得不愿与人交流,性格内向。外出务工的父母往往半个月、一个月甚至更久

与家里联系一次,很多父母半年或一年回家一次,有的甚至几年不回家。这种长期的分离导致孩子自卑封闭、逆反心理严重。

二、对农村留守儿童家园教育的思考与建议

对留守儿童的家园教育要注重引导,给予集体的温暖,具体应该从以下几个方面展开。

(一) 帮助代理监护人树立正确的家庭教育观念

可以成立"学习家园",针对代理监护人开展专题讲座,使他们了解留守儿童的特点,懂得留守儿童的心理,学会正确的教育方法。具体做到以下三个方面:

1. 关爱孩子,但不要溺爱。不要因为孩子小,父母又不在身边,而对他们加倍溺爱。

2. 尊重孩子的选择,留给他们一定的空间。要正确引导,具体情况具体分析,而不能简单地限制、否定。

3. 遇到困难,及时帮助解决。如果自己不能解决,也应尽力为孩子想办法,寻求解决问题的途径,如学习上无法指导孩子,可以通过请教老师或其他人。

(二) 加强家园联系,促进家园合作

家长是幼儿园重要的辅助力量,是幼儿园教育的合作伙伴。家长与教师为着孩子的教育携起手来,教育效果将会事半功倍。

1. 通过家访,教师加强与代理监护人联系

教师应定期进行家访,帮助代理监护人分析留守幼儿的特点和存在的问题,想办法寻找解决问题的措施。同时,学校还应建立家校联系卡制度,把教师的电话号码告诉家长,方便家长遇到问题随时与教师联系。

2. 教师应与留守幼儿父母保持联系

教师是留守幼儿及其父母之间的桥梁。当留守幼儿在生活学习上遇到问题时,老师应该及时联系孩子父母。幼儿园开展了"亲情电话"活动,班主任每月给家长打电话,反馈其子女的学习、生活情况,同时也要求家长每周

都给孩子打电话。教师要主动与家长谈论幼儿的情况，包括其在幼儿园的表现，并向家长提出合理的建议等。同时，教师也要与家长及时沟通幼儿园的要求和活动，让家长更全面地了解幼儿园。家长跟学校经常保持联系，共同承担起教育责任。

3. 留守幼儿父母要和留守幼儿及其代理监护人经常联系

留守幼儿的许多问题都是因为父母不在身边而产生的。父母最了解孩子，因此父母与代理监护人之间应加强联系，交流施教方法。每次来电或来信，父母不能一味地训斥，而应注意沟通方式，耐心询问，帮助孩子解决存在的各种问题，鼓励孩子的每一点进步。

4. 通过留守儿童之家开展多种帮扶活动

因为亲情的缺失，留守儿童在心理上存在一些问题。要实现幼儿心理的健康成长，幼儿园可以组织家长建立留守儿童之家，为留守儿童提供多种多样的帮扶活动。在帮扶活动中，孩子们得到许多特殊的照顾，感受到爱和温暖。

三、结语

作为一名合格的幼儿教师，我们要以诚恳的态度与家长沟通，特别是在留守儿童的家园教育中，更应该考虑家长的感受，尊重家长的意见，不能因为自己的专业优势，就以高姿态对家长进行教育。教师不仅要及时沟通，还要耐心倾听家长的建议。只有家园配合，才能达到成功教育孩子的目的。解决留守儿童的教育问题刻不容缓，这不仅关系着每个家庭，也关系着全社会的稳定和发展。

【参考文献】

[1] 王胜玉. 农村留守儿童的学前教育问题及其解决策略 [J]. 内蒙古教育，2019（27）：9-10.

[2] 王鸿英，王燕梅. 农村留守学前儿童教育现状的调查与建议——以塔山村为例 [J]. 中国农村教育，2019（16）：2.

如何培养良好的读书习惯

利津县汀罗镇中心小学 崔丙荣

良好的阅读习惯是影响阅读教学成效的一个重要因素，叶圣陶先生指出："阅读教学之目的，我以为首在养成读书的好习惯。"尽管阅读习惯既非知识亦非能力，但却是知识转化为能力的中介。我们通过有目的、有计划地反复训练帮助学生形成良好的、稳定的阅读习惯。

那么，怎样培养中学生的阅读习惯呢？

一、勤读多背必有益

勤勉是读书做学问的根本。韩愈当年教诲学生曰："业精于勤，荒于嬉；行成于思，毁于随。"学习语文离不开一个"勤"字。杜甫是在"读书破万卷"之后才"下笔如有神"的。宋濂是进入"口不知甘味，身不知苦寒，披文以娱情"的境界之后才成为一代宗师的。入学之初，我就向学生申明这些道理，打消其任何投机取巧的念头，并提出明确而具体的要求。

要阅读就离不开工具书。教师要帮助学生养成使用工具书的习惯。我在给新生上的第一节课上就毫不含糊地规定，从第二节课起每个人都要把《新华字典》《现代汉语词典》《汉语成语词典》等工具书备好以便使用。这些工具书应该像自己的影子一样与自己寸步不离。当遇到不明确的注音或字义时，学生必须亲手查阅工具书。

读书要勤，但更要讲究效果。现在有些人往往片面强调理解，而忽视了最基本、最有效的背诵和记忆，从而造成了老师不敢抓背诵、学生不屑于背诵的坏风气。我以切身体会告诫学生，趁年青记忆力强多背一些诗文佳作，对提高自己的语文水平是非常有利的，并且向学生讲述历代文学大师重视背诵、精于背诵的事例，使大家在思想上形成共识。除了课本上要求背诵的文章以外，我还经常补充一些课外内容让学生背诵。为了有效地督促，凡是要求学生背诵的内容我首先背熟，让学生心服口服，自愿地按老师的要求去做。

二、读书需要常动笔

孙中山先生有个好习惯，不动笔便不读书，翻书便要动笔。我们的学生往往不习惯把读与写结合起来，从而影响了阅读的质量。老师要帮助学生逐步养成边阅读边动笔的好习惯，引导学生做读书笔记。对于学生来说，看书尤其要做一点笔记。因为学生看书有个特点，很快地翻，喜欢看热闹，哪热闹就看看，没热闹就过去，这样的阅读对书的理解是不够的。毛泽东在回忆他的老师徐特立先生时，就总结了一个读书的经验：不动笔墨不动书。毛泽东读过的一些书，有很多加了眉批，就是在书的空白处加了批注。我们可以要求学生读书时，顺手记点东西，慢慢地形成记读书笔记的习惯。一般来说，读书要记住作者、记住年代、弄清背景，读出它的精髓所在。在动笔记录的过程中，学生也会主动地思考，如作者生活在什么样的时代，他为什么会写这本书，作者主要表达了什么主题等。我建议每个孩子都要有一本读书笔记。我自己读书的时候也是这样的，读过的书，我都会记下作者、书名、主要内容、自己的感悟以及生僻字。帮助孩子养成这样的读书习惯，我想他一定是一个会读书、爱读书的人，同时也是一个热爱学习、热爱生活的人。

人们常说，最淡的墨水胜过最强的记忆。经常动笔会使记忆稳固、长久、准确，积累更丰厚。

三、勤于习作

阅读与写作是语文能力的两个主要方面。阅读是积累，是吸收；写作是表达，是运用。以写作促阅读是最有效的途径。因为积累不丰厚无以表达，从这个意义上来说，具备了很强写作能力的人，其阅读能力必然也很强。单纯由阅读来抓阅读很难激发学生的兴趣，而且也不好检验。因此，我向学生提出：每个人都要练好"一支笔"，养成勤读爱写的好习惯。

良好的读书习惯一旦养成，可使学生终身受益。抓好习惯的培养，可以把学生的学习行为转化成一种自觉行为，无论在理论上还是在实践上，都是行之有效的教学手段。

"生成活动"在幼儿学习课程中怎样开展

利津县汀罗镇中心幼儿园 李振梅

现代幼儿教育突出了以儿童发展为本的理念，提出了学前教育应体现发展性、个别性、奠基性原则。在这种理念的指引下，幼儿教育开始考虑如何根据幼儿的年龄特点和个体差异，尽量满足每个幼儿发展的需要，着力于转变幼儿的学习方式，关注幼儿的终身可持续发展。要真正做到这些必须根据幼儿的兴趣、需要、经验、能力等来设计课程，发挥幼儿的主体性，而原有的课程设计模式、教学形式及组织形式不再适用。因此"生成活动"作为师生共同构建的课程，越来越被各幼儿园所接受。幼儿"生成活动"是指幼儿在与环境交互作用中自主产生的活动。幼儿自主生成、自主探索的主题，大都是自己感兴趣的实物、好奇的现象以及感到困惑的问题等。因为活动的主题和内容是幼儿所喜欢的、所感兴趣的，因此幼儿就会调动全部的智慧去探索、去研究、去尝试，并有效地去同化外部世界，构建新的认知结构。所以，"生成活动"是目前较为理想的幼儿学习课程。

一、"生成活动"形成的条件

幼儿"生成活动"的内容和主题通常来自他们熟知的世界。"生成活动"在幼儿一日的活动中随时都有可能出现，例如一种新的玩具、一片飘落的树叶、一件新衣服、一个新发现等，都可能成为幼儿关注的焦点、探索的主题。但是，如何顺应孩子的需要，推进活动向纵深发展，应有以下条件作为支持：

(一) 给幼儿创造宽松、和谐、支持的环境

正如著名心理学家皮亚杰所言："儿童认知发展是在与周围环境的相互作用中积极主动建构的。"《幼儿园工作规程》也把"创设与教育相适应的良好环境，为幼儿提供活动和表现能力的机会与条件"列为重要的教育原则。只有在宽松、和谐、支持的环境中，幼儿才敢大胆地表现自己，不断迸发出智慧的火花。这时，再加上教师的因势利导，就会形成有价值的活动，促进幼儿多方面发展。

(二) 给予时间和空间上的保证

幼儿的活动需要一定的空间，幼儿对材料有取放自由和选择自由，幼儿活动的人数和所使用的材料、场地要成正比。在活动开展的阶段，我们还应充分利用一切空间环境来配合主题。在每一个活动中，同样需要我们为幼儿提供足够的时间，如果打断幼儿的活动，势必会使幼儿的学习效果大打折扣。所以，我们要为"生成活动"提供充足的空间和时间。如在进行"袋子变变变"活动时，我们用一个橱子专门分类摆放幼儿收集的各种袋子，并准备一些皱纹纸、胶带、剪刀等辅助材料和工具，供幼儿自由玩、自由创作，而且我们把室内的墙壁、室外的走廊都布置成了展览区，用来展示幼儿的作品。除了给予空间上的支持外，我们在时间上也很有弹性。有的幼儿没有完成自己的作品，我们就和他商量可以先不参加下面的活动直到完成自己的作品或者把未完成的作品放到一边，下次活动时接着把它做完。

(三) 提供充足的活动材料和实践机会

幼儿"生成活动"是幼儿运用已有经验通过与环境的交互作用进行的自主活动。丰富的材料和多样的环境为幼儿的活动提供了有力支撑，促使幼儿产生积极主动的情感体验，积累更多的生活经验。幼儿在积累和提升已有生活经验的同时，往往会从不同角度、不同领域进行交流和研究，进而形成新的思维碰撞，生成新的活动。

二、适时适当地回应幼儿，促进"生成活动"的形成和发展

面对时时出现的幼儿"生成活动"，教师的回应非常重要。教师回应的策略有很多，包括倾听、鼓励、把问题转移给孩子、环境创设、材料提供、技术支持……教师要根据幼儿的不同生成方式采取不同的回应策略。

（一）顺应幼儿的需要，生成有价值的活动

幼儿来自不同的家庭，有着不同的生长环境，他们的兴趣、经验各不相同。因此，幼儿会自发生成许多不同的主题，而这些主题最能体现其最近发展区的需要。教师要善于抓住这些教育契机，为幼儿提供有关主题的资料及活动所需的材料、时间、场地等，适时生成有价值的活动。

教师要善于观察，抓住日常生活中的教育契机，促进活动生成。比如，有一次一名幼儿问我："老师，你说爸爸妈妈有朋友吗？"看着孩子好奇的大眼睛，我告诉幼儿回家问一问爸爸妈妈，让爸爸妈妈讲一讲和好朋友的故事。于是一个主题活动"爸爸妈妈的好朋友"产生了。

（二）适时引导幼儿，推动活动深入进行

在生成性活动中，由于幼儿缺乏经验，对事物的认识有限，因而探索容易停留在表面。同时，幼儿的数理逻辑能力有限，常常无法对事物进行深入研究。这就需要教师"推"幼儿一把，即在适当的时机对幼儿进行点拨，借助当时的情景、材料等，把幼儿的学习兴趣推向较高的层次。

首先，要和幼儿共编主题网。主题确定以后，下一步工作就是以幼儿为依据，以该主题为中心扩散编制主题网络。在我们师生共同参与的生成活动中，编制主题网的目的是立足幼儿现有的生活经验，假设孩子学习的可能性，便于以后对孩子在活动中可能出现的行为、思想及时准确地做出反应。

但在实践中，我们也发现有时教师看好的一些极有价值的内容，却不是孩子们所感兴趣的。而孩子们所感兴趣的内容有时又是教师所忽略的，因此教师要帮助幼儿充分地回忆，要尽可能引导、鼓励幼儿用各种方式表现原有经验的积累，如谈话、表演、绘画、讲故事等方式。

其次，要通过多种活动形式，丰富幼儿原有经验，发展幼儿多种能力。新的能力和视野对幼儿产生挑战，同时，能力获得后的成就感是幼儿推进主题的又一动力，比如在主题活动"争做文明小市民"中，通过谈话，生成了制作文明公约的活动。幼儿自己编了很多条公约，为了让大家都看见，他们在一张大纸上画上了美丽的图案，并请老师帮忙把公约写上去。这些都是对幼儿能力的挑战，而最具挑战的是把文明公约贴在哪儿。经过激烈的讨论，地点由我们班扩展到大门厅，又从大门厅扩展到大门口。因为在这里家长可以看，小学的学生也可以看。地点确定以后，孩子们兴奋地奔向大门口。可问题又来了：看门的老大爷不让贴。这可怎么办呢？我鼓励幼儿赶紧想办法。有的说偷偷地贴，有的想退缩。我及时启发：想一想老大爷听谁的呢？刚开始幼儿都看着我："听老师的，老师一说，爷爷就让我们贴了。"我摇摇头："再想想爷爷听谁的？""园长！"一名幼儿脱口而出，大家也积极响应，请园长去。我赶紧叫住大家问："到园长那儿应注意什么？"经这一问，孩子们都愣住了，一个说要叫阿姨，另一个说要懂礼貌，要敲门……孩子们七嘴八舌地说着，可很明显的是大部分孩子有点胆怯了。在我的一再鼓励下，有三个小朋友结伴去了园长室。当他们兴高采烈地跟着园长出来的时候，我知道，孩子们又往前迈了一步。

最后，要让幼儿用自己的形式充分交流、展现经验。每个主题活动都有展示、分享与交流活动，这是幼儿获得经验、能力的验证，也是进行下一步活动的基础。这一点必不可少。

总之，在生成性的活动中，面对着具有不确定性的幼儿，面对着具有动态性、灵活性和开放性特点的活动过程，教师不仅要有充分的知识准备，而且在与幼儿互动时要采取灵活多样的方式和多种策略。要始终牢记：教师是幼儿活动的观察者和追随者，教师是活动材料的提供者，教师和幼儿都是活动的探索者，教师和幼儿是平等的合作伙伴。教师要顺应幼儿、引导幼儿、推动活动，最终实现以幼儿为主体的、自主进行知识建构的终身可持续发展的学习。

微课程:"互联网+教育"背景下农村教师专业发展路径探究

东营市育才学校 刘 丽

随着新课程改革的不断深入发展,教师专业发展已经成为教育界的热门话题,也是教师自身面临的主要问题之一。农村学校是我国国民基础教育的重要组成部分,关注农村教师的专业发展路径,对于提高农村学校教学质量及我国教育事业的长远发展具有重要的现实意义。

近年来,微课程逐步应用于教学实践,很多教育研究者和工作者制作了大量的微课程教学案例。与此同时,微课程也适用于教师的专业发展,特别对解决农村教师专业发展面临的困境具有重要意义。

一、当今农村教师专业发展面临的困境

我国农村教育相对落后,与城市教育存在较大差距。研究显示,农村学校教师专业发展的软环境失衡,教师缺乏培训机会,缺乏专业发展平台。此外,农村学校教师专业发展的硬环境差,学校没有规范的图书资料室、电子图书馆等,导致教师缺乏与外界的沟通交流,信息滞后,从而影响其专业发展。

二、微课程定义及特点

通俗地讲,微课程是指时间在 10 分钟以内,有明确的教学目标,集中

说明一个问题的小课程。具体来讲，微课程不仅是指为微型教学开发的内容，而是运用建构主义方法生成的、以在线学习或移动学习为目的的实际教学内容。《高等教育纪事报》介绍说，这些大约只有 60 秒长度的展示带有具体的结构，它们不仅仅是简单的演示。"微课程"这一概念最早是由美国新墨西哥州圣胡安学院的高级教学设计师、学院在线服务经理戴维·彭罗斯提出，后来人们戏称戴维·彭罗斯为"一分钟教授"。也就是说，微课程不仅仅是简单的教学演示，更是一种校本研修的新方式，是促进教师专业成长的新路径。

三、微课程对农村教师专业成长的促进作用

（一）微课程培训打造农村教师成长新范式

首先，微课程"微"的特点解决了以往教师培训存在的巨大弊端：兴趣性和自主性。以往，无论是线上还是线下，动辄两三个小时的培训很容易让教师产生倦怠感。而微课便捷的网上传送和共享，为教师提供了多种学习方式。教师除了可以在网上学习，还可通过手机等客户端学习，而且学习内容相对独立、精短，教师可以灵活掌握学习时间。再者，微课程开放、公开的特点便于同行之间在公共平台上互动交流，提高教师对课程学习的兴趣和注意力。

其次，根据教师的工作环境和教学任务，打造出适合教师的"以微课程为载体微环境下的微培训"。在微课程的引领下，教师在特有的环境中进行专业发展的微培训，这解决了培训效率低的客观问题，提升了教师的主观能动性，进而提升教师专业发展速度。

所谓"微环境"，是指教师网络共享平台。在"互联网＋教育"的背景下，农村教师足不出户就可以在网络共享平台上自由选择微课程学习，在短时间内完成在线学习和培训任务。"微培训"是指时间较短的基于单个小问题的培训活动。这种新范式的基础是教师能够熟练掌握相关新媒体技术，能够独立运用学科的微课程。

微课程培训有两种实现方式：一种是教师根据课堂教学过程中遇到的各种事件、问题以及困惑，主动链接与之相关的各种理论和实践的微课程，这是基于微问题的微培训；另一种是教师先自主学习各类主题的微课程，再将所学知识链接到数据库中的各种概念、原理、方法和观点，构建不同主题下的知识体系，这是基于微主题的微培训。

(二) 微课程研究提升农村教师专业发展自觉性

首先，一般课程开发工作量大，实施起来比较困难，特别是对于基础条件较差的农村教师来说，则更为困难。而微课程的制作流程简单易学、便于操作，这打开了课程开发的广阔空间，为农村教师的课程开发提供了便利条件。

其次，微课程研究有三个要素：为了教学、在教学中、通过教学。"为了教学"是指微课程研究的目的不在于验证某个教学理论，而在于解决教学的实际问题；"在教学中"是指微课程的研究内容是教学问题，而非理论的假设；"通过教学"是指教师亲自在教学中解决问题，而不是将教学置之度外。因此，微课程研究强调教师解决自己的、真实存在的问题，并非所有的问题都能构成研究课题。只有当教师持续关注某个具有实际意义的教育教学问题、用心设计解决问题的方案时，日常的教学问题才能转化为研究课题，教师的问题意识才能上升为课题意识。强调对问题的追踪和设计意味着教师所研究的课题来自教学实践，是教学中真实存在和发生过的问题。同时，微课程研究不只是一般意义上的问题解决，它需要教师不断地与同行对话、与专家对话，还需要必要的理论学习。这些都在无形中促进了教师的专业发展。

最后，教师打算追踪解决某个小问题时，首先要确定一个小课题，再将课题付诸于行动研究，提出小策略，最后真正解决问题。因此，微课程研究要求教师在"课题—设计—行动—反思"的过程中开展研究。在这一研究过程中，反思是贯穿始终的。这里面既有设计过程中的行动前反思，又有实践过程中的行动中反思，还有实践后的行动后反思。反思的主要内容包括：课程设计是否符合实际、行之有效,课程策略是否符合教学理念,课程方法是否能解决现实问题,课程效果是否达到预期目标。反思的最简单形式是写微课程的反思日记,在反思日记的基础上,也可以对自己的微课程反思过程进行理论总结,同时,也可以用微课程记录自己的教学故事,借此来反思自己的教学行为。总之,教师通过小问题、小课题、小策略来反思自己的教育教学,不断更新教学观念、改进教学行为、提升教学水平,从而促进自己的专业化成长。

在当今互联网普及的背景下,微课程的研究和制作不再受时间、空间、经费等诸多客观条件的限制,只要有网络和移动终端,教师掌握一些基础的新媒体制作技术就可以实现。微课程的学习观看自由灵活,这提高了教师学习的积极性。因此,微课程真正为农村教师的专业成长提供了有效路径。

浅谈小学英语课堂读写教学策略建构

东营市春晖小学 岳红霞

新课程标准对义务教育阶段的学生提出了培养综合语言运用能力的总体目标，而读写能力是促成这项能力的基础之一。课堂上英语读写的形式多样，而兴趣的策动、能力的培养、人文素养的体现都有助于培养目标的达成。语言学习，离不开听、说、读、写四大能力的有效融合。其中，读是理解的技能，而写是表达的技能，它们在语言学习和交际中相辅相成、相互促进。下面笔者结合自己的教学实践对读写教学谈几点粗浅的认识。

一、把握课程标准，明确学段要求

《义务教育英语课程标准（2022年版）》明确提出小学阶段三、四年级要达到一级标准，其中，读写方面的具体标准为能看图识词，能在指认物体的前提下认读所学词语，能在图片的帮助下读懂简单的小故事，能正确书写字母和单词，能模仿范例写词句。六年级完成二级标准，读的二级标准为能认读所学词语；能根据拼读的规律，读出简单的单词；能读懂教材中简短的要求或指令；能看懂贺卡等所表达的简单信息；能借助图片读懂简单的故事或小短文，并养成按意群阅读的习惯；能正确朗读所学故事或短文。写的二级标准为能正确使用大、小写字母和常用的标点符号；能写出简单的问候语和祝福语；能根据图片、词语或例句的提示，写出简短的语句。

针对这两级要求，在课堂的教学环节和课后的实践作业中都可以酌情渗透，如节日来临前，请孩子们自制贺卡，写上自己的英语祝福语；做英语调查表，了解同学们的饮食爱好等。

二、激发兴趣，引导自主参与

兴趣是最好的老师。有兴趣的驱动，学习者的参与会从被动变为主动，并且享受参与的快乐。为此，笔者在实际教学中，着力从以下几点入手：

（一）营造阅读氛围，让学生爱上阅读

阅读氛围影响和推动学生阅读，潜移默化地影响学生的情感、思维、行为、习惯以及气质的形成。学校图书馆为同学们提供了丰富的阅读资源，包括英文绘本、英语期刊等。为了进一步提高学生的阅读热情，班级定期开展"绘本我来讲"活动。浓厚的阅读氛围推动了阅读活动的开展，激发了学生的阅读兴趣。同伴的认可、老师的欣赏让同学们更加关注阅读、喜欢阅读。坚持不懈、持之以恒，阅读能力的提高是必然。

（二）贴近学情，激发写的兴趣

培养小学生英文书写的技能在小学阶段是一个难点，但如果以学情为出发点，设计和开展适合学生们的活动会事半功倍。在书写初始阶段，可配置以下任务：一是匹配任务，如针对字母的认读活动，请学生找出每一组中不同的字母，找出与所给示例相同的字母，找出含有某个字母的单词等。活动开展后，教师结合学习小组评价制度，根据任务完成情况对学生给予奖励。二是书写任务，包括描红，书空，抄写字母、单词和句子的活动。教师组织学生选出书写优秀的作品，拍照发到班级博客，并在班级进行展示。

在做好了基础性工作之后，教师再逐步过渡，加大难度。这个阶段以学生感兴趣的形式、以突出语用为目的来开展活动：一是交际性书写，包括书写便笺、指导路径、邀请函、购物清单等。这类书写任务侧重强调书写目的的情境真实性，对学生综合运用所学语言的要求也较高。二是情感性书写，包括写日记、写信、写邮件、写个人经历等。

三、夯实基础，提升能力

（一）重视课堂，培养阅读基础，提升阅读能力

课堂阅读是培养学生阅读能力的主阵地。教材中的文章选材精当，和实际生活联系紧密，大部分适合精读。抓好精读教学，对小学生阅读能力的发展具有基础性的作用。精读不仅关注语言的意义，更关注语言的形式，包括词汇、短语、句子结构以及它们的使用环境。这些内容是学生开展广泛课外阅读的基础。另外，精读可以帮助学生积累语言知识，为泛读奠定基础。

（二）启动书写教学，提高写话能力

字母书写是英语书写的基础。人教版一年级下册呈现了大写字母的形式，二年级上册呈现了小写字母的形式，二年级下册要求学生在四线三格内正确模仿字母大小写。教师对小学生容易混淆的字母和不易掌握的字母应加强指导和练习，同时注重过程示范。教师板书、课件展示，让学生们清楚地看到每个字母的书写过程、笔画顺序。在此基础上，逐步过渡到单词、词组、句子和篇章的书写。

情境中的书写更能发挥和体现学生的能力，如给单词配上相应的简笔画、做书签卡片再写上祝福语、给实物贴英文标签等。高年级的学生还可以做海报、手抄报等。这样，在实际应用中，书写得到了练习，能力得到了提升。改错是值得重视的另一项能力的落脚处。针对学生们出现的常见错误，如字母的书写形式、占格、大小写配对、手写体、首字母大写、词间距、标点等，教师根据错误类型整理归类，面批或投影讲解，并引导学生及时总结反思，避免同类型错误的再次出现。

四、重视人文素养的培养，知行合一

义务教育阶段的英语课程具有工具性和人文性双重性质。就人文性而言，英语课程承担着提高学生综合人文素养的任务，学生学习英语能够开阔视野、发展创新能力，形成良好的品格和正确的人生观、价值观。人文素质教育的要旨在于培养人文精神，人文素质教育的过程就是育人的过程。它致力于用人类在漫长社会活动中所积累的智慧精神陶冶人、教育人，强调人的道德精神价值，注重对善和美的理解，引导人们求真、从善、爱美，使人能洞察人生的目的与意义，找到正确的生活方式。简单地讲，所谓"人文素质教育"，就是指培养学生人文精神、提高学生人文素质的教育。

"随风潜入夜，润物细无声。"课堂读写亦是提高学生人文素质的潜在阵地。教师让学生搜集英文标语、英文规则，并让他们根据学校现状制定相应的英语宣传语。这些活动都极大地调动了学生的兴趣，更重要的是在实施过程中，学生的素养得到了提升。

Be quiet in the library. （图书馆里要保持安静）

Don't drink and eat in the classroom. （不要在教室里吃喝）

Clean the park on volunteer day. （在志愿者日清理公园）

Help others. （助人）

学生们用响亮而又坚决的声音递交了一份完美的公德答卷，相信在他们的内心深处也都印下了美好的人性品质，这也是课堂读写创造出的精彩。

"幼苗"的快乐源自老师踏实的工作

利津县汀罗镇中心幼儿园　吕宝凤

每当新学期开始,就会有一批新生进入幼儿园。然而,许多孩子哭闹着不愿意上幼儿园。即使是家长强拉硬拽勉强把孩子送进了幼儿园,孩子也不会安心待着,要么哭闹不止,要么一个人在一边,不参加集体活动。经过几年的观察,我发现这种现象并非少数,具有一定的普遍性,值得我们认真思考和深入探究。

如何对待新入园的孩子?怎样帮助孩子尽快地适应幼儿园生活?我认为做好幼儿入园前的准备工作是非常重要的,让孩子在入园的第一天就爱上幼儿园、老师和小朋友们是非常关键的。

一、踏实开展"幼苗"入园前的准备工作

无论是幼儿园的老师还是家长,我们都应当先了解孩子。孩子突然要离开家长到一个比较陌生的环境中,难免会产生不情愿、不安和恐惧的情绪。新的环境、新的老师、新的伙伴都会让孩子感到紧张和害怕。再者在这个新的环境中,教师又会对孩子提出一些新的要求和规定,这就使孩子更加不适应幼儿园。作为幼儿园的教师,我们一定要让孩子喜欢幼儿园,在最短的时间内,帮助孩子尽快适应幼儿园的环境,熟悉教师和同伴。只有这样,才能保证幼儿园教育顺利进行。"幼苗"的快乐源自老师踏实的工作:

(一)装扮环境,做好迎接准备

新生入园,前期准备工作包括很多方面,其中幼儿园环境是非常重要的一项。首先，把幼儿园装扮成温馨、多姿多彩的"家"，让孩子们对环境有种亲切感，减少对环境的恐惧。其次，家长可以先带孩子熟悉一下，比如幼儿园内有滑梯、秋千等大型玩具，可以让孩子在家长的保护下玩一玩。最后，教师也可以先带孩子做做游戏、画画、唱歌、跳舞等，和幼儿多交流，让他们对老师产生亲切感。这样，孩子们对幼儿园的陌生感大大减少，就会产生对幼儿园的好感，从而向往上幼儿园。因为这里有他们一起玩耍的小伙伴，有许多好玩的玩具，有活泼可爱的老师。当真正入园时，为了减少孩子们的入园焦虑，幼儿园对刚入园的孩子前两周实行半日制，每天入园半天，帮助他们逐步适应幼儿园生活。

（二）进行家访，掌握孩子特点

新接小班的教师提前一周进行家访，与孩子当面接触，提前了解孩子的身体、智力、性格、爱好、习惯等各方面的情况，做到对每一个孩子都有比较全面的了解。尤其是对于单亲家庭的孩子、弱智儿童、残疾儿童等，更要有比较深入细致的了解，以消除孩子们对教师的陌生感。

（三）家园配合，做好孩子入园前的思想准备

家长和教师要密切配合，做好孩子入园前的思想准备。有的家长给孩子"灌输"不正确的信息，常听到不少家长对孩子这样说："听话，再不听话，就把你送幼儿园。"这样一来，孩子无形中会产生惧怕上幼儿园的心理。家长可以多陪孩子看幼儿节目，告诉他们，这些好看的节目都是幼儿园老师和小朋友们一起创作和表演的，如果你上幼儿园，也可以加入他们；另外，在幼儿园里每天可以和老师、小朋友们一起做游戏，还能学到很多本领。家长要让孩子多与外界的人接触，让他们慢慢学会与人接触、交流。

二、创设丰富的"入园第一天"活动

孩子入园的第一天是最关键的，如果孩子第一天在幼儿园适应了，以后也就没多大问题了。因此，在孩子入园的第一天，家长和教师一定要齐心协力，让孩子在幼儿园有一个美好的开始。

（一）以笑容迎接每一个孩子

笑容是最好的交流方式。在孩子眼里，笑容能使陌生的老师变得像妈妈一样亲切。教师的笑容能使孩子消除恐惧，拉近教师和孩子的距离。不仅如此，教师还可以摸摸孩子的头，或者拥抱一下孩子，或者说些鼓励和夸奖的话，给他们亲切感和安全感。这样便能向孩子们传达一个信息：幼儿园欢迎你！幼儿园是一个温暖的大家庭，从今天开始咱们就是一家人。

（二）讲究方法呵护哭闹的孩子

入园第一天，哭闹的孩子总是少数，而这些少数的孩子就成为入园第一天工作的重点。教师应特别关注哭闹的孩子，与他们接触一是要讲究方式方法，二是要注意进展的速度。教师一方面要授意家长坚定地离开，另一方面要悉心安慰孩子，引导孩子融入集体。教师一定要全面细心地观察孩子，给他们以妈妈般地安慰与呵护。

（三）保障新入园孩子的一日安

第一天入园，孩子对幼儿园里的玩具功能还不清楚，他们见了好玩的玩具又禁不住去玩，因此常常会有不安全的事情发生。由于孩子的协调能力不强，他们经常会出现摔倒、碰撞等情况，因此，孩子必须在教师的保护下玩耍室内外游戏。教师应根据孩子的身体发育水平安排适量的游戏活动，尽量让孩子们玩室内游戏，如拼插积木、手指游戏、滚球游戏等。同时教师还要让孩子们了解一些安全常识，并告诉他们不能把危险物品带到幼儿园，如小刀、玻璃球、小棍等。另外，幼儿在离园时要排好队，家长做到按时接送，以免孩子等着急而哭闹不止。

（四）循序渐进，帮助孩子养成良好的生活习惯

幼儿园安排孩子午睡。但是，有的幼儿刚开始对幼儿园的环境不熟悉或者没有午睡的习惯，就会一直吵着闹着不睡。这时，教师可以允许一部分孩子不午睡，等孩子适应环境之后再慢慢培养他们午睡的习惯。吃饭时很多小朋友需要教师来喂，这些都是在家养成的习惯，教师要允许幼儿先保留原来

的生活习惯，再慢慢改，不可过急。教师一定要让幼儿在愉快的环境中进餐，让孩子慢慢适应幼儿园的生活。

(五) 开展精彩活动，帮助孩子尽快适应集体生活

孩子年龄小，游戏活动要多种多样，富有吸引力，这样才能符合刚入园幼儿的心理特点，使他们产生愉快的情绪，更愿意上幼儿园。在幼儿园内设置幼儿活动区域，如娃娃家、小型工厂、小超市等，多提供活动材料，让孩子在活动区内自由活动。教师也要参与角色活动，同幼儿一起开展游戏。

刚入园的孩子对集体生活要慢慢适应。教师教幼儿使用一些简单的礼貌用语，见面要问"老师好"，回家要跟老师说"再见"，碰到别人要说"对不起"等。对于幼儿身上的一些不良习惯，如挑食、咬人、打人、独占玩具等，教师要耐心地予以矫正和引导。对于在幼儿园内表现特别突出的幼儿，教师要用口头表扬、戴小红花等方式进行激励，并鼓励其他孩子向其学习。

三、保障"幼苗"健康快乐发展

刚入园的孩子容易发生摔伤、磕伤等情况，这就要求教师对他们随时进行安全教育，把安全教育贯穿于一日的活动中。如喝水、上厕所时要排队，不能推不能挤；小朋友在一起玩玩具时要互让，不能打不能抢；外出活动时，不能追不能跑。同时我们还设计了"小猪笨笨"活动。幼儿看到贴满创可贴的小猪，大胆想象小猪受伤的原因，并说出怎样做才不会受伤。幼儿刚开始看到满身贴着创可贴的小猪时会哈哈大笑，但一会就被情节吸引了，都开动脑筋想小猪是怎么受伤的。教师借此引导，帮助幼儿掌握一些户外活动的方法，如万一摔倒，要用手撑一下，以免摔伤脸；玩滑梯时要抓好扶手等。同时教师还请幼儿进行模仿，怎样用双手"撑住地"，怎样来"抓紧"。一系列的教育活动，帮助幼儿学会了如何活动、如何安全地游戏。

新入园的"幼苗"教育确实是一项细致而又复杂的工作。教师在接触新入园的孩子时，需要细心、耐心和责任心，全面了解他们的身心发育特点和生活习惯，从实际出发、从他们的兴趣爱好出发，引导每一位孩子，真正地

关心、爱护他们，使他们感受到"幼儿园像我家，老师爱我我爱她"的氛围，并在欢乐的气氛中健康快乐地成长。

【参考文献】

[1] 中华人民共和国教育部制定. 3~6岁儿童学习与发展指南［M］. 北京：首都师范大学出版社，2012.

[2] 赵锦丽. 相互信任，共筑家园合作之路［J］. 山东教育，2020（30）：46-48.

[3] 邵玉枝. 同频共振助力家园共育［J］. 山东教育，2020（36）：41-42.

走校本教研之路　促课堂和谐发展

利津县汀罗镇第一中学　王维燕

规范办学行为，给我们最深的启迪是提高课堂效率，把教师的专业发展提到前所未有的高度，那么教师的培训学习就显得更为重要。如何把学校构建成一个学习型群体？建立以校为本的教学研究制度是一项十分紧迫的任务。因为仅靠专家的指导是远远不够的，送教师外出学习，人力、财力都受限制，为了解决这个问题，我校建立了以校为本的教学研究制度。我们从反思本周教学情况、研讨下周教学内容入手，探索出了一条新的教师专业发展之路。

一、更新教育观念，构建学习型和探究型教师队伍

课改成败，系于教师。教师只有经常地对所教学科进行探究，才能从平常的事物中看出新方向，形成创造性劳动。在日常教学中，整理课堂练习题是一件很平常的事情，但单调的模式、传统的套路让学生感到厌倦，不能调动学生的主动性。面对这种情况，我们组织全校教师进行讨论，研究如何改变此现状。我们的方法是，将习题设置得符合学生实际，不要太难，并且改变以往的习题命名方式。我们不再以传统的"××练习题"命名，而将练习题分为"走近知识海洋""笑对广阔知识天空""享受知识乐趣"等各个系列，并在每套练习题的空白处书写一些名言警句、小故事或者老师创作的一些激励性语言等。这样就使原本枯燥的练习题变成了老师们精心加工的一件件"艺术品"，让学生们在愉悦的心境中自觉地学习，学习效率

明显提高。

对于一个教师而言，不论教龄长短，如果不能及时地感悟教育现象，那么怠惰消极情绪就会滋生，在教学中就会缺乏热情、因循守旧、消极应付。教师只有时常对自己的教学能力进行评估，保持开放的心态，树立终身学习的观念，把学校视为自己学习的场所，不断对自己的教育教学进行反思，对自己的知识与经验进行重组，才能不断适应新的变革。这也是一个学校生存和发展的基础。为此，我校在教研活动中注重反思本周教学情况、研讨下周教学内容，并以此为主题在全校范围内开展了教学反思与交流案例分析活动，要求每名教师每周必须写出一篇高质量的教学反思，并在全校范围内进行交流，不断修改，共同提高。同时我们还积极组织全校范围的学科教学观摩研讨活动，活动共分为教师讲课、说课和评委评课三个环节。活动要求每个教研组先选出本组的优质课，然后参加每周三的校级教研，本组教师全部参加，其他教研组选三名教师作为评委。这种互动参与的教研模式，调动了教师工作的积极主动性，为大家提供了一个学习交流的平台，让每位教师真正成为教研的主人。通过这两项活动，我校每名教师都对自己的教学有了深切的反思和感悟。为了让每位教师将自己的反思和感悟表达出来，我们又利用周六开展了"讲自己故事，展教师风采"活动，为教师提供表达自我的机会。通过这种方式，每名教师真切地表达了自己的思想，展示了自己的风采，提高了自信心。

一个学校能否发展关键在于能否构建一个研究性学习的群体。对每位教师来说，学习是生活，学习是工作，学习是一种责任，学习是生命的重要组成部分，学习是研究的根基。为了鼓励教师课前深入研究教材，我校提出了课案前的"五个研究过程"，即课案前的知识思维与研究过程、知识的有序化过程、知识的网络过程、重点难点分析过程、将课案转化为有效教学行为的过程。通过五个过程的研讨，结合日常教学活动，围绕典型案例、教学细节进行剖析，在研讨中再不断发现问题、解决问题，使课案的使用效率大幅提高。

二、在课堂拼搏中学会教学

传统的教师培训大多是采用讲座、辅导等形式，从理论到理论，但教师最渴望学到的是如何将理论落实到实践。我们积极探索"参与式"与"分享式"双方互动的教研模式，自主合作、互补探究成为我校以校为本研究的主旋律。我校开展了"教师课案怎样变成有效教学行为"的讨论，一边教，一边研究，培训者先亲自上课，然后结合实践讲理论，让课堂变成一个学习交流的场所。在这里没有教师和学员，大家平等地参与讨论。教师不再把自己当作被动的受培训者，而是主动的参与者。讲座者不单纯讲理论知识而是进行案例分析。近年来，我校一大批年轻教师的迅速成长得益于这种有效的培训方式。一般来说，我们要求年轻教师的授课进度比老教师要慢一些，这样保证年轻教师可以深入到老教师的课堂教学中，认真学习老教师的备课、问题情景的设置、课堂提问的引出以及巩固练习的处理。年轻教师在学习的过程中，对自己的授课也有了新的认识，他们把这些认识运用到自己的教学中。反过来，老教师也从年轻教师身上学到了新思想、新方法，从而达到了共同提高的目的。

同时，我校为了让优秀教师得到更好的发展，经常鼓励学有余力的教师在理论方面进行探讨，再通过实践进行验证；另外，鼓励发展中的教师进行问题分析、案例研究，采取不完全归纳的方式进行总结提升。只要教师能将发展中的教学理念进行一定程度的理顺解释，就能在实践中学会教学，其教学能力和课堂效率便能得到提高。

通过以上对教育现象的研究，教师提高了自己在课堂教学中的理性认识。一套好的课程方案只是一个平面蓝图，课堂才给人们立体的感觉，只有将理论落实到实践中，才能将课堂变成鲜活的教学行为。

三、加强留心教学与反思教学的研究

教学行为的研究，实质上就是教学过程的研究，需要教师在课内细心、用心、留心，善于观察和总结。写十年教案不一定成为名师，但写三年反思就有可能成为名师。通过教学细节来审视自己，提高教学行为的有效性，这已成为我校教师的共识。我校在留心教学与反思教学的研究中，主要从以下两点出发，第一研究留心教学过程中出现的问题，并设法去解决。针对这个问题，我们实行了推门听课制度。在推行了几个学期的基础上，本学期我校从制度化层面推出了推门听课活动，意在夯实教学的轨迹，使每名教师能真正留心教学过程中出现的问题。活动分两部分，一是校领导不定时地推门听课，借此作为课堂教学实效的检测器，从学校宏观方面为课堂教学把脉，从而有效调整相关举措；二是开放所有教师的课堂教学，教师之间可以随时推门听课，让新教师有汲取经验的直接感观站，老教师的优质教学资源有共享的舞台，从微观方面服务每一位教师。同时，要求每堂课都听必有评、评必有果，使推门听课成为促进教师课堂教学水平提高的一种有效方式。第二经常不断地反思教学行为。反思不是简单的回顾、课后记，而是思考、反省、探究。例如讲评课与新授课、复习课不同，课型的难度在于必须适合所有知识层面的学生。我们在反思研究中以"三讲五提高"为课题的切入点："三讲"，即普遍问题重点讲，个别问题指导讲，重点难点系统讲；"五提高"，即通过讲评，一是提高学生的信心与毅力，二是提高认识错误与纠正错误的能力，三是提高学生思维的全面性与系统性，四是提高解题准确度与速度，五是提高学生考试技巧与应试能力。"三讲五提高"的研究释放了学生的思维空间，提高了学生的学习兴趣，在师生相互追问中创设了课堂研究情景，实现了知识迁移，提高了讲评课的效果和质量。

总之，近几年我校注重课堂的动态生成，通过教学行为的课题化、细节化研究，从认知到活动提升了教师的发展能力，提高了课堂教学的实效性，让平时的课堂充满智慧。我们在研究过程中认识到问题越具体、越细微、越贴近生活，越能调动教师研究的积极性；研究周期越短，越能让教师有成就感、收获感，越能调动教师发展的积极性。同时，学校还不遗余力地鼓励教师从事留心教学与反思教学研究，并通过一定的形式对教师的研究成果进行推广，以便促进教师的自身发展，使常规问题的研究不断深入细致。校本研究为教师的发展搭建了平台，促进教师之间形成合力，以更好地服务于教学。一种和谐健康的以校为本的教研活动为学校实现跨越式发展奠定了坚实基础。

浅谈学校艺术课程中教学设计的作用

利津县汀罗镇北码幼儿园　谢洪莉

教学设计是整个教学活动的蓝图。要完成教学改革的宏伟目标，使艺术课程充分发挥其在素质教育中的作用，教学设计就显得尤为重要。

教学设计是运用系统方法分析教学问题和确定教学目标，建立解决教学问题的策略方案，评价试行结果和对方案进行修改的过程。在这里，教学设计是一个系统化的过程，包括如何编写教学目标、如何进行教学任务分析、如何选择教学策略与教学媒体等。

一、艺术课程教学目标的设计

艺术课程的总目标是促进学生艺术能力和人文素养整合发展，它统摄音乐、美术、舞蹈、戏剧等多门艺术学科内容，其着眼点在于帮助学生在各种艺术心理能力之间建立丰富的联系，促进听觉、视觉、形体、语言四大能力的发展，从而形成互为补充的完整艺术心理结构和综合艺术能力。

在围绕人文主题的艺术学习中，学生能够轻松、快乐地获得艺术的基本知识和技能，了解艺术的历史和文化内涵，形成艺术经验和艺术能力。课程设计立足点的变化，使艺术课程体现出鲜明的人文性、综合性、创造性和愉悦性。

（一）艺术与生活目标的设计

学生是社会的一员，而人们的社会生活是丰富多彩的。社会生活是艺课程取之不尽、用之不竭的源泉。艺术课程必须引导学生通过对周围生活环境的观察、聆听和反思，感受生活和周围环境（尤其是声音和图像）中体现的艺术要素，结合以往的生活经验，培养他们对艺术和生活的感知能力和观察能力，使他们更全面深刻地领略艺术、生活和大自然的美，增强对艺术和生活的热爱。

（二）艺术与情感目标的设计

艺术包含着丰富的情感，任何艺术形象都包含着特定的情感和思想信息。在艺术教育中，引导学生通过感受艺术，体验人类丰富的情感和思想。这对丰富学生的精神世界、净化心灵、陶冶情操，培养积极乐观的生活态度，具有重要作用。

（三）艺术与文化目标的设计

艺术与文化作为艺术课程的目标设计，要求学生通过艺术了解不同的文化，对不同艺术文化形式做出比较，认识艺术与文化的关系。有多少种文化、地域、民族，就有多少种艺术形式。文化、历史、民族等都是形成艺术形式的基础。

（四）艺术与科学目标的设计

科学和艺术是不可分割的，就像一个硬币的两面，它们是人类文明发展的两翼。科学的观念和艺术的观念可以通过互相借用、互相启发、互相融通来促进二者的相互渗透。

二、基于学生经验与体验的设计

（一）趣味学习的设计

艺术的特点是有鲜活生动的形象、强烈的艺术感染力、丰富而复杂的情感因素。教学的过程应该成为学生一种愉悦的情绪生活和积极的情感体验。

（二）丰富学生真实健康情感的设计

现代教育理论强调教育的一切活动都要以人为本，即以学生为主体，重视教育过程中情感因素的作用。美术具有强烈的情感性，与音乐不同的是它借助于线条、色彩等视觉形象来表达情感，从而引起人们的共鸣。

（三）丰富课程资源的设计

艺术教育的课程资源相当丰富，包括学校资源、社区资源和家庭资源。学校课程资源主要包括有一定才艺的教师、有一定艺术特长的学生，还有各种课外艺术活动小组、艺术团队、校园环境等。

（四）动手操作的设计

传统教育不重视培养学生的动手操作能力。课改要求艺术课堂涉及感知、创作、反思三种主要活动和能力。学生只有通过动手操作才能把某些特定的艺术作品展现出来。

（五）角色模拟的设计

角色模拟实际上是角色扮演。在角色扮演中，教师给一组学生规定一个情景，要求其中一些学生担任角色并出场表演，其余学生观看表演，认真关注与课程目标有关的具体行为。角色扮演一般有两种：一是表演者放弃了他们通常的行为模式，以换取另一个人的行为模式；二是扮演者保持自己的角色和行为模式，但是好似他们在一个不同的情景中演出。

三、以培养学生分析和解决问题能力为目的的设计

（一）"指导—发现"的设计

"指导—发现"法就是学生在教师的指导下，通过自己的探索和学习，发现事物变化的起因和内部联系。此方法能充分发挥学生在学习过程中的主体作用，培养学生的观察能力、思维能力、自学能力和实际操作能力。运用"指导—发现"法一般分为两个程序：一是发现过程的设计，二是发现过程的教学。

（二）课题研究的设计

所谓课题研究，是在艺术教师的指导下，由学生就某一中心课题发表见解、提出处理方法、从中学习知识并发展能力的一种教学活动。它的优点在于使学生参与创造知识的过程，激发他们学习的兴趣，培养他们的探索精神和创造能力。运用研究法应当注意如下问题：第一，选择能激起学生研究兴趣的题目；第二，研究过程中，学生要开动脑筋，充分发表意见；第三，在研究过程中，应理论联系实际。

四、以培养学生交流与合作能力为目的的设计

（一）合作承担任务的设计

物理学家杨振宁指出，如果在过去还有可能一个人独立完成诺贝尔奖项工作的话，那么进入二十世纪八十年代以来，尤其是进入信息化社会以来，没有人们的共同参与、相互合作，要取得任何重大发明创造都是不可能的。

我们的教育教学活动应该努力创设合作式学习的情景，切实为学生养成合作意识与发展协作能力搭建舞台。

（二）主题对话的设计

交流与合作能力的培养既包括学生与学生之间的对话，也包括学生与教师之间的对话，还包括学生与家长之间的对话。这种对话可以是就某一知识与技能的对话，也可以是关于教学内容的对话。对话中要充分体现平等性和探讨性。

（三）论辩研讨的设计

在传统教学中，教师是课堂的主宰者，教学关系成为"我讲、你听，我问、你答，我写、你抄"的模式。在这样的课堂上，双边活动变成了单边活动，教代替了学，学生是被教会的，而不是自己学会的。而课程改革则要求教师做学生的朋友，对有些问题可采用论辩研讨的方式教学。

五、以促进全体学生发展为目的的设计

（一）分层教学的设计

促进全体学生全面发展，不等于让学生整齐发展或平均发展。每一个学生都有其特殊性，教育应当成为扬长的教育，不能只忙于补短而压抑有特长的学生。

教师要从每个学生的个性特点、认知特点和特殊教育需求出发，教学既鼓励冒尖，也允许在某些方面暂时落后。人无全才，合格加特长就是有用之才，承认差异，扬长避短，人人都会展现出独特的才华。要达到上述目的，就必须进行分层教学的设计。

（二）多元智能的设计

学生的智能是多种多样的，有科学方面的、人文方面的，也有艺术方面的。这座智能的宝库就看教师如何去开发：一是注意不同学生智能的个别性，二是注意同一学生智能的全方位性。

（三）个别指导的设计

早在2000多年前，孔子就提出了因材施教的教学原则。常言说，十个指头有长有短。每一个儿童都是一个珍贵的生命，每一个学生都是一幅生动的画卷。教师应当体会儿童生命的最大丰富性和主动性，关注学生成长与发展的每一点进步，帮助学生发现自己、肯定自己。

教师对学生的个别指导尤其重要，基于个别指导的设计就是要看准学生的问题、弄清学生的想法，以激励和表扬的方式进行指导。

六、信息加工和思维发展的教学设计

（一）基于寻求和应用信息的设计

信息是需要通过采集和寻求才能得到的，得到信息的目的是对这些信息进行加工处理并为自己所用。调查研究是一种获取信息的手段，利用信息技术获得信息，使之为教学过程服务，是更重要的手段。

（二）思维加工的设计

少年儿童未定化的特征决定了他们有相当大的发展潜能。综合艺术课程对学生的形象思维能力和逻辑思维能力的培养均有好处，但对思维能力的开发存在深度和效果的问题，不是说只要开了艺术课，就一定能培养好学生的思维加工能力。关键问题是在艺术课教学中做好基于思维加工的设计，以便开发学生的思维能力。

（三）尝试探索的设计

教师通过创设开放的问题情景，引导学生进入主动探求知识的过程，使学生围绕某类主题调查、搜索，处理应用相关信息，回答或解决现实问题，这样的训练方法变得越来越重要。

研究性学习是指教师不把现成的结论直接告诉学生，而是让学生在教师的指导下自主发现问题、探究问题，并获得结论。

综上所述，艺术课程的教学设计应改革以往音乐、美术单学科的设计模式，转变为多门艺术学科的沟通和融合。综合是其核心，而不是多门学科的简单叠加和拼凑。艺术课程的设计还要充分考虑学生的年龄和心理特点，从学生实际出发，淡化学科体系，降低知识、技能难度，注重学生的感受、体验，探究生动的学习方式，提高学生的生活情趣，塑造健全人格。

内外联动，构建多维阅读体系

利津县汀罗镇中心小学　胡友三

朱永新教授说："一个人的精神发育史就是他的阅读史。"小学阶段，学生读什么、怎么读，不仅关系到自动化阅读能力的形成，而且也会对学生的精神成长起到至关重要的作用。心理学研究表明，在小学阶段，学生的阅读兴趣最容易被激发出来。笔者认为，农村的孩子与城市的孩子在教育环境上有一定的差距，这是不争的事实，但其中最主要的差距在阅读。下面笔者将结合个人教学实践从五个方面论述如何构建基于内外联动的多维阅读体系。

一、物质上保障

笔者在充分借鉴"新教育晨诵""每日一诵""天天读诗"等晨诵读本的基础上，分年级自编了"晨诵读本"。该读本每个学段各有侧重，低年级段以童谣、儿歌为主，兼顾了简短古诗和对对子等内容；中年级段以诗歌为主，适当融入了部分古诗和小古文；高年级段在引入古典诗词的同时，兼顾了泰戈尔的《飞鸟集》、纪伯伦的《先知》等内容。

"午读"是借鉴"新教育"的概念，代表的是整个儿童阶段的非科学性质的阅读，核心内容就是阅读属于孩子自己的童年书籍。为了确保每个孩子都能有自己喜欢的书读，笔者主要采取了两项措施：一是以"阶梯阅读书包"为参照，统一购进新书，主要用作班级共读；二是充分发挥家委会的作用，每学年初为班里购入适合本学段孩子阅读的书。

自编与自筹相结合，为学校阅读课程的开发提供了物质保障。

二、时间上投入

阅读材料有了，阅读书目也理清楚了，与之配套的就是时间保障。为保障阅读时间，笔者主要采取了以下四项措施：

一是在不延长学生在校时间的基础上，把上午的后两节课设置为30分钟，用这种调节大小课时的方式"挤"出20分钟用作晨诵。

二是专门拿出一节课用作阅读指导，以此来保障整本书共读时间。

三是严格控制学生书写性作业量，把时间节省出来，确保低年级学生每天阅读时间不少于20分钟，高年级学生每天阅读时间不少于半小时。

四是语文阅读教学充分凸显"读"的作用，落实课标中"在读中启思，在读中感悟，在读中习得方法，在读中培养语感"的指导思想，淡化理解、侧重实践运用，将节省出来的时间用来给学生阅读。

有了以上四项措施做保障，辅之以及时跟进和评价，学生的阅读就能落地生根了。

三、方法上指导

推进多维阅读，绝不是一"读"了之。经过多年的探索，笔者在文本选择和阅读流程上逐渐形成了自己的见解。

就晨诵而言，小学低段主要诵读像《懒人读书歌》《小书虫》之类的儿歌，穿插诵读节奏鲜明、简单易懂的古诗，如《春晓》之类；中段诵读金子美玲和贾尼·罗大里的诗歌，穿插诵读《笠翁对韵》，为学习"在农历的天空下"诗词课程做准备；到了四五年级，则以"在农历的天空下"诗词课程为主，按照农历的二十四节气，依次分主题诵读梅花系列、百花系列、落花系列、荷花系列、稻花系列、月亮系列、菊花系列、雪花系列、边塞系列、年岁系列、春节系列等，中间穿插中国文学史上最重要的三位诗人——李白、杜甫、苏轼的诗作，兼顾学习狄金森、泰戈尔等人的诗作；在五年级下半学期，适当引入儒家经典和道家经典。这是一个庞大的体系，我们希望借助这一体系，在小学阶段就为学生种下经典文化的种子。

就阶梯阅读来说，小学低段主要以绘本为主。待学生有了一定的识字量，就可以逐渐读起步阶段的童书。到了三年级，则引入桥梁书，引导学生读图文并茂的优质图书。到了四五年级，则逐步引入国际大奖小说系列、武侠魔幻系列等文本。近年来，笔者更加注重全科阅读，学校推荐的读物中新增了《小牛顿科学馆》《有趣的数学》等。

童书阅读分为自由阅读、亲子共读和师生共读等形式。不同阅读形式的功能指向不同。自由阅读可以满足学生的个性化需求，这种阅读一般没有什么附加性的目的，学生想怎么读就怎么读，比较纯粹。亲子共读，在读书的同时将亲情融注其中，有助于孩子养成良好的阅读习惯，同时在共读中可以帮助孩子加深对所读内容的理解。

四、活动上引领

笔者开展的读书活动可谓丰富多彩，主要有以下几项：

1. 通过每日打卡、填写"读书存折"、统计周阅读量、每月进行动态阅读考级等形式确保阅读数量不滑坡。

2. 设立阅读日和阅读节，增强阅读的仪式感。

3. 每学期举办三场与读书相关的比赛：读书知识竞赛、演讲比赛和读书征文比赛。

4. 开展三项评选，即每周一次"读书之星"评选、每季度一次"书香班级"评选、每学期一次"榜样书屋"评选。获奖个人或班级都能获得学校不同数量的赠书。

五、评价上体现

评价的目的不是指向欠缺，而是指向成长。基于这种认识，针对学生的评价内容主要包括阅读量、精读书目过关检测、各项读书活动参与情况等。

依据评价结果，教师定期评选班级读书标兵、阅读"小学士、小硕士、小博士"等。为了引起学生对阅读的重视，学校在各类检测中都加大了与读书相关的题目比重。

【参考文献】

［1］马玲．孩子的早期阅读课［M］．北京：文化艺术出版社，2011．

［2］常丽华．在农历的天空下［M］．天津：天津教育出版社，2009．

抓住"交集点",优化课堂教学

利津县汀罗镇中心小学　刘会忠

一、何谓"交集点"

交集点,有时候也表述为"交接点",是苏霍姆林斯基教育理论中的一个重要概念。在《给教师的建议》一书中,苏霍姆林斯基多次提到交集点的作用,并通过具体的实例说明何谓交集点、如何发现交集点。笔者对文本内容进行了梳理,交集点的属性可以概括为以下三点:

交集点就是解决问题的关键点,同时也是学生认知的冲突点。苏霍姆林斯基说,交集点往往出现在"各种事实、现象、真理、规律性之间相互交接的地方",出现在"各种因果联系、时间联系、机能联系交叉集结的地方"。由此可见,这个点往往在新旧知识的交会处,构成了通往新认知的关键节点。交集点一旦被清晰地理出来,就可以实现认知聚焦,起到事半功倍的效果。苏霍姆林斯基曾举过一个例子,在教学时,教师首先呈现一系列植物生长的现象,然后问学生"为什么一粒种子有时能长出一个西瓜,有时能开出一朵美丽的花来?",这就构成了一个认知上的交集点,而光合作用恰恰是解决这一问题的钥匙。于是,再来教光合作用的内容就能水到渠成。

交集点,具有一定的隐蔽性,初看起来不易察觉,这就需要教师在呈现教学材料时,有意识地对交集点加以凸显。著名教育家阿莫纳什维利在教刚入学的小学生认识2和3的时候,为了凸显数字的本质,有意识地把"2个

159

大梨"和"3个小苹果"放在一起进行比较,问学生"哪个多"。这就形成了认知冲突,有助于学生实现对数字本质的聚焦,即在进行数字认知时把数字和事物属性剥离开来。

交集点的作用,在于能引发学生的认知兴奋,激起学生的疑问,引领学生进入"思"的状态。而这种认知兴奋必然是基于教学目标的,否则不但无助于学生开展深度学习,反而会分散学生的注意力。比如教学《圆明园的毁灭》一课,目标之一就是体会作者的表达之妙。基于这一目标,教师就可以引导学生去发现,文中真正描写圆明园毁灭的语段只有一个自然段,大量的篇幅都在介绍圆明园昔日的辉煌。学生自然会提出疑问:"既然文章的题目是《圆明园的毁灭》,为何作者要用大量的篇幅描写圆明园昔日的辉煌?"抓住这一交集点探究下去,作者的表达之妙就自然显现出来了——通过对比的方式,更能表达出对这座举世无双的皇家园林惨遭毁灭的愤慨和惋惜之情。

二、如何发掘"交集点"

因为交集点相对隐蔽,老师在备课时需要多加留意才能发现,但这并不意味着对交集点的发掘无章可循。通常,可以从以下几个角度进行思考:

(一)教材的课前预习和课后习题

通常,教材正文前面都有预习提示。这些预习提示大多指向文章的内容和表达上的特点,对于引导学生初读课文、理清文章脉络有一定的作用。备课时不妨先看看预习提示,作为发掘教材交集点的预备资源。

比如《慈母情深》一文的预习提示是"阅读下面的课文,画出描写母亲外貌和语言的语句,体会课文是怎样表现母亲的深情的"。只要略加改动,此预习提示就是一个可以引导学生对文本进行深入思考的交集点。可以改为:画出文中描写母亲的相关语句,想一想,这是一位_____的母亲,看看从哪些地方可以看出来,在书中做简单批注。进一步思考,这样的母亲给了我怎样的影响?结合文中具体语句评说。

课后习题是编者针对教学目标精心设计的，有些课后习题本身就是理解课文极好的交集点。如《"精彩极了"和"糟糕透了"》一文中课后第一题是"想一想父亲和母亲对巴迪的诗为什么会有不同的看法？"，这就是建立在教材内容上的一个很好的交集点。教师可以对课后题稍加改动，让学生感觉冲突感更强，比如可以改为"同样一首诗，同样是对自己的亲生儿子，父亲和母亲为什么对巴迪第一次写的诗有截然相反的评价？你认为这两种评价公允吗？你更同意哪种评价？"。顺着这个交集点，就可以不断深入探究，通过对相关语段的品读，理解父性之爱和母性之爱的不同特点。

（二）教材中与原有经验容易产生冲突或落差的地方

比如教学《蟋蟀的住宅》一文，教师就可以抓住文中的一句话"这座住宅真可以算是伟大的工程了"引发学生的疑问，"印象中，蟋蟀不过是一种柔弱的昆虫，为什么它栖居的洞穴被法布尔盛赞为'伟大的工程'呢"。学生在与文本的重新对话中会对蟋蟀的"不肯随遇而安"有更深刻的认识，会更加惊叹于这小小昆虫奇妙的筑穴能力。

（三）教材中包含的表面上似乎相互冲突的地方

教材中的许多作品，包含着表面上相互冲突的地方。这些地方，稍加发掘，便是极好的交集点。

如《十里长街送总理》一文中，"一位满头银发的老奶奶拄着拐杖，背靠着一棵洋槐树，焦急而又耐心地等待着"。教师可以抓住"焦急"和"耐心"两个词，利用两个词语意上的冲突，让学生体会老奶奶当时盼望总理的灵车早点到来，无论如何也要为总理做最后的送别的复杂心情。

（四）教材与学生原有经验的交集处

交集点不见得必须出现在教材中。教材无非是个例子，是达到整体教学目标的凭借。在教学中，可以在教材与学生原有经验的交集处发掘交集点。

在教学《斑羚飞渡》一文时，教师通过引进相关的同题异质的内容，与寓言性质的文章进行"互文性"解读，从而使"敬畏生命"这一主题得到升华。

（五）教材中的重点和疑难之处

教材中的重点和疑难之处，往往体现在上面所述的几条之中，未曾涉及的，也可以加以发掘，析出交集点。比如《太阳》一课，教学的重难点就是了解列数字、做比较等说明方法的作用。所以，从重难点出发，可以这样设计交集点：如果把文中的数字去掉会怎么样？既然列数字的方法这么好，为什么还要用做比较的方法来写？在对交集点的辨析中，学生就会对教学的重难点心领神会。

要之，基于交集点提出的问题往往具有一定的深度和广度，属于能够统领课堂的"大问题"，可以有效避免课堂提问带来的琐碎感。课堂上教师如果能有效地呈现交集点，就能够激起学生探究的兴趣，在引领学生对交集点进行思考和探究的过程中，完成知识的建构过程。

【参考文献】

[1] 苏霍姆林斯基. 给教师的建议 [M]. 北京：教育科学出版社，1984.

[2] 干国祥. 破译教育的密码 [M]. 长春：长春出版社，2005.

围绕"教会、勤练、常赛"
打造学校体育一体化发展新高地

利津县汀罗镇第一中学 张 健

习近平总书记在全国教育大会上对学校体育目标做出深刻论述：要树立"健康第一"的教育理念，开齐开足体育课，帮助学生在体育锻炼中享受乐趣、增强体质、健全人格、锤炼意志。作为中小学学校，我们要贯彻落实习近平总书记的要求，将要求转换为科学精准的具体办法和做法，更好地发挥体育在促进青少年全面发展上的教育功能。

基于我国青少年体质健康现状和未来发展的需求，笔者进行了深入思考和大胆实践，并在实践中梳理和汇总了发展思路和具体办法。其中，体育卫生与艺术教育司王登峰司长所提出的"教会、勤练、常赛"，正是学校体育一体化设计与实施的高度凝练。结合实际，围绕"教会、勤练、常赛"三个环节，学校开展面向全体学生的体育活动，积极构建学校体育一体化发展新模式，努力打造学校体育一体化发展新高地。

一、学校体育发展的时代目标

紧紧围绕习近平总书记提出的"帮助学生在体育锻炼中享受乐趣、增强体质、健全人格、锤炼意志"总目标，学校以"教会、勤练、常赛"为总抓手，以面向全体学生参与为总要求，将学生校内体育活动逐渐影响、带动和延伸至校外体育、家庭体育、社区体育，形成开放、多元、互动、竞享为一体的新时代学校体育新局面。

二、构建学校体育一体化发展新模式

（一）一体化设计，"教会"关键在课堂

1. 夯实体育课主阵地

以课程标准为指导，破除各年龄段、各年级对诸多运动项目的浅表性学习，一改以往学生体育课上什么都学，最后什么也学不会、学不精的误区，按照本区域特色、结合学生学情和本校体育教师专业特长等实际情况，学校统筹规划和安排所有年级每个学期体育课必学、必考的运动技能项目。学生从一年级进入学校起，便开启了运动技能项目的学练，并通过一学期甚至是一学年的学练，基本掌握本年级应该学习的运动项目，从而为在校期间掌握1~2项运动技能打下良好基础。比如我校在统筹安排各年级必学、必考运动技能项目时，做了以下安排：一、二年级，足球、游泳；三、四年级，武术、篮球；五、六年级，健美操、足球；七至九年级，篮球、足球、排球、健美操。我校将各运动技能项目合理地安排到各年级，由教师进行单一技术、组合技术、实战技能、比赛应用等结构化学练，从而为学生掌握更高层级的技能项目打牢基础。

2. 男女分班专项教学

初中学段男女学生的体育兴趣、运动能力等已经有了较大的差异性，通过统一调配本年级平行班男女生单独编班的形式，学校组建本年级体育课临时"一二班男生"班和"一二班女生"班，分别由不同的体育教师同时单独上课，实现"一二班男生"班集体学练足球或篮球等对抗性项目，"一二班女生"班则集体学练拉丁舞、韵律操等律感性强的运动项目。这种临时编班的集约型方式，只需要在学期初排课程表时做统筹安排。这大大提高了教师备课的针对性，提高了学生参与的主动性，使学生在体育课上的技能项目学练更加专一和专注。

3. 体育专项走班教学

为满足不同学生对运动技能项目的需求，解决体育课上技能项目学练过于分散的难题，我们在同一年级，甚至是打破年级界限，单独安排一次两节课的连堂时间，以"点套餐"的方式，让学生选择自己喜欢的运动项目课程进行学习。比如我们安排学校体育教师和校外志愿体育教练员提供十几门运动项目课程，3~5年级学生在学期初便选定自己喜爱的项目，每周三下午的一、二节课，学生们便直接到规定的区域上体育专项走班课。这种模式为学生提高专项运动技能打下了坚实的基础。

4. 完善课程评价，倒逼专注参与

再好的安排、构思和体系，没有落实和评价就不能形成良好的闭环。对体育课程的评价，我们应本着"关注发展性、重视过程性、兼看终结性"的原则，从运动能力、体质健康和体育品德三个方面进行综合性评价。运动能力评价以运动技能项目必测一项和抽测一项进行，按照本年级主要学习的运动技能项目必测一项，再在其他运动技能项目中抽测一项，通过技评加量化相结合的方式赋分，两个项目再各按照20%的比例纳入整体评价。体质健康评价则按照《国家学生体质健康标准》中对应的测试项目，以学期初和学期末成绩的增量为主来评价，该指标项以40%的比例纳入整体评价。体育品德评价主要由体育课出勤、体育作业完成、体育竞赛或体育活动参与、体育意志品质四个部分组成，由体育教师、班主任、学生通过日常体育课的过程记录等给出相应分值，并以20%的比例纳入整体评价。这种较为全面、完整的课程评价方式，引领和带动着学生更加积极主动地参与到日常体育课堂中。

5. 校本、社团课程抓精尖

除了国家课程以外，学校每周安排一次校本课程时间，打破年级和班级界限，给学生提供更为多元的运动项目课程，其中既有常规的足球、篮球、武术等项目，还有校外指导教师、教练员开设的射箭、美式橄榄球、趣味田径等项目，让学生自由选择课程，极大地提高了学生的参与积极性。

同时，学校成立了多个运动项目社团（运动队），由体育教师组织带领有兴趣、特长的学生每周进行不少于3次的专项训练，科学安排训练内容及方法。通过多年系统性的训练，学生在该项目上有了长足的进步，为后期的"勤练"和"常赛"提供了技术、体能支撑，也为学生在该项目上更高水平的发展打下基础。

（二）一体化推进，"勤练"实施在日常

1. 创新大课间组织

学校充分利用每天上下午大课间时间，摒弃以往"跑步＋做操"的常规模式，结合体育课程学习进度与安排，创新探索"1＋x"大课间组织形式，即"1"为规定动作，如跑步、做操等，"x"为自选动作。各班结合本班最近体育课所学运动技能项目，由体育教师统筹安排与设计，由班主任、体育委员组织进行"技术＋体能"式组合练习，从而对应体育课所学的运动技能，起到练习、复习的作用，成为多练、勤练的重要一环。同时，学校在增强趣味性、加大体能强度方面也进行有益探索，充分利用每天一小时的大课间，起到应有的健身、锻炼效果。

2. 课外活动大比拼

学校抓住没有体育课的下午课外活动时间，对以往"四没"（没组织、没内容、没强度、没评价）活动说再见。教导处在学期初按照班级课程表，为当天没有体育课的班级在课外活动时间安排一次体育活动课。内容由本班体育教师结合最近体育课上的学练项目，适当降低练习难度并设计合理性练习计划。由班主任带领，同时充分发挥体育委员和体育小组长的带动作用，全班学生一起在规定区域进行该项目的巩固、复习。这也成为多练、勤练的重要一环。

3. 碎片化时间巧利用

学生在校时间长，除去上课，入校后的上课前、放学前、课间 10 分钟等，都是可利用的"夹缝"时间。这些时间短暂而零碎，虽然不能组织学生到运动场地拉开架势练习，但依然可以在教室、走廊、楼外等区域，两三人一组进行技术的模仿练习或情景体验。比如足球的盘带和过人，就可以一攻一守，利用模仿假动作进行动作熟练。

4. 体育作业促成长

王登峰司长提到"要让体育教师担任班主任成为一种时髦，要给学生每天布置体育作业"等，俨然体育学科的地位有了明显提升。提升学生身体素质，强化运动技能项目练习，只靠校内时间是远远不够的。体育教师如同语数外学科老师一样，每天布置体育作业，内容既要有体能素质类，还要有运动技能练习类。目的就是让学生在晚上、周末或节假日时间，在家能够动起来、跑起来，从而积极协同学校体育的发展，真正实现校内体育锻炼一小时、校外体育锻炼一小时的目标。

（三）一体化实施，"常赛"核心在全员

1. 体育课堂赛

体育课堂是学生参与学校体育最重要的阵地，而且课堂上人人享有平等的参与机会。教师结合课堂学练运动技能项目实际，本着"实践为主、应用为先"的原则，结构性设计教学流程，以实战比赛为出发点和落脚点来开展教学，并于每堂课留出一定的时间组织学生进行以项目实战应用为主的比赛。通过比赛，学生体会到技术的重要性和基础性，进而在学和练的环节更加具有针对性，从而达成"学、练、赛"相互促进、相辅相成的正向引导作用。

2. 班级常规赛

运动的魅力在于竞争，大量的比赛使得学生收获快乐与成长。按照季节性特点，结合年级体育课所学习的技能项目，发挥班级家委会及家长志愿者的积极作用，利用课外活动、周末或节假日时间，体育教师到校组织开展班级赛事活动，并形成常态化、积分化，最后纳入班级量化考核并汇总到学校统一进行表彰。这种方式提高了学生的参与性和积极性，增多了学生上场的机会，是"常赛"环节中极为重要的一环。

3. 年级月月赛

在体育课及班级赛的基础上，学校选拔出年级优秀运动员组成年级代表队，可通过适当调整规则、变化比赛场地等方式，选择相近年级开展年级对抗赛，并形成惯例，每月月末组织进行。参与学生不要求固定，学校鼓励各年级随时调整年级代表队成员，形成良好的选拔和竞争机制，以此来统领和

带动班级及学生个人参与运动及比赛的积极性。

4. 学校定期赛

学校按照一学年工作实际，将学校层面定期需要开展的运动会、体育节、足球联赛、越野赛、达标赛等统一纳入学校整体工作安排。赛事以全员参与为主，通过设置报名人数和每人参与次数的限制等硬性条件，提高参与人数。同时，学校建立并形成自下而上的选拔机制，引导各班级形成"人人参与比拼选拔，过程有我训练提升，我为班级争光添彩"的良好氛围。

5. 外出交流赛

发挥区域性优势，联动周边相邻学校，在多个运动项目交流上积极探讨长效机制。按照校际相互联系、学生热切参与、家长支持陪同、教师具体实施的思路，学校开展各年级不同项目、男女各类的体育竞赛活动，并通过组织现场观摩和现场助威，来唤醒和激励每一名学生的参与热情和运动积极性。同时，学校积极探讨和实施主客场制，加强和提高交流的频次和场次，真正实现"赛事不断、健康无限"的欢快周末时光。

6. 上级部门赛

随着国家青少年足球特色示范校、篮球特色校等项目的兴起和实施，足球、篮球的校园三级联赛等赛事活动也极大地丰富起来。教育和体育部门本着"精中选优、强强对话、交流提升"的初衷，经常将各校诸多体育运动项目的开展情况通过比赛的形式进行大比拼、大检阅，充分发挥高端赛事的导向和引领作用，从而使体育教师的教学方向更加明确，参与学生的学练更加主动，学生家长的配合更加积极，起到以点带面、点面结合、条块联动、整体推进的积极作用。

一体化构建学校体育发展新模式，是青少年学生校内、校外参与体育活动及赛事的制度性保障，需要学校体育工作者的加倍努力和长期付出，需要全体师生的积极参与，需要学校领导的信任和支持，同时也需要上级主管部门的主动指导、过程评价与阶段性考核。各方主动作为、积极作为，形成学校体育发展的多股力量，共同打造新时代学校体育一体化发展的新高地。